Thomas Lorenz
Klaus-Jürgen Deuser

30 Minuten

Sympathisch und souverän:
So geht Vortragen!

© 2017 SAT.1 www.sat1.de Lizenz durch ProSiebenSat.1 Licensing GmbH, www.prosiebensat1licensing.com

Bibliografische Information der Deutschen Nationalbibliothek

Die Deutsche Nationalbibliothek verzeichnet diese Publikation in der Deutschen Nationalbibliografie; detaillierte bibliografische Daten sind im Internet über http://dnb.d-nb.de abrufbar.

Umschlaggestaltung: die imprimatur, Hainburg
Umschlagkonzept: Martin Zech Design, Bremen
Lektorat: Dr. Sandra Krebs, GABAL Verlag GmbH, Offenbach
Grafiken: a-m-t management performance ag
Satz: Zerosoft, Timisoara (Rumänien)
Druck und Verarbeitung: Salzland Druck, Staßfurt

Wir danken Stefan Oppitz für die Begleitung.

© 2017 GABAL Verlag GmbH, Offenbach

Alle Rechte vorbehalten. Nachdruck, auch auszugsweise, nur mit schriftlicher Genehmigung des Verlags.

Hinweis:
Das Buch ist sorgfältig erarbeitet worden. Dennoch erfolgen alle Angaben ohne Gewähr. Weder die Autoren noch der Verlag können für eventuelle Nachteile oder Schäden, die aus den im Buch gemachten Hinweisen resultieren, eine Haftung übernehmen.

Printed in Germany

ISBN 978-3-86936-771-2

In 30 Minuten wissen Sie mehr!

Dieses Buch ist so konzipiert, dass Sie in kurzer Zeit prägnante und fundierte Informationen aufnehmen können. Mithilfe eines Leitsystems werden Sie durch das Buch geführt. Es erlaubt Ihnen, innerhalb Ihres persönlichen Zeitkontingents (von 10 bis 30 Minuten) das Wesentliche zu erfassen.

Kurze Lesezeit
In 30 Minuten können Sie das ganze Buch lesen. Wenn Sie weniger Zeit haben, lesen Sie gezielt nur die Stellen, die für Sie wichtige Informationen beinhalten.

- Alle wichtigen Informationen sind blau gedruckt.

- Schlüsselfragen mit Seitenverweisen zu Beginn eines jeden Kapitels erlauben eine schnelle Orientierung: Sie blättern direkt auf die Seite, die Ihre Wissenslücke schließt.

- *Zahlreiche Zusammenfassungen innerhalb der Kapitel erlauben das schnelle Querlesen.*

- Ein Fast Reader am Ende des Buches fasst alle wichtigen Aspekte zusammen.

- Ein Register erleichtert das Nachschlagen.

Inhalt

Vorwort — 6
Fließend sprechen — 8

1. Botschaften brauchen Orientierung — 11
Inhalt ist der King: Was will ich vermitteln? — 12
Mission ist die Queen: Was will ich erreichen? — 17

2. Sprecher haben Persönlichkeit — 21
Die „ideale" Persönlichkeit des Redners — 22
Die Persönlichkeit des Zuhörers erreichen — 29

3. Vorbereitung schafft Klarheit — 37
Aller Anfang ist schwer — 38
Auch Vorträge haben Struktur — 40
It's all about „Storytelling" — 45

4. Anfangen ist ein Zeichen von Engagement — 53
Wer übt, gewinnt — 54
Wer früh kommt, gewinnt noch mehr — 60

5. Vom Vortrag zum Hit: Die Begegnung mit dem Publikum — 67
Es geht immer um den Anfang — 68
Timing ist alles — 74

6. Der Auftritt braucht Mut — 81
Guten Morgen, liebe Sorgen — 82
Et kütt, wie et kütt, und et hätt noch immer jot jejange — 86

Fast Reader — 89

Die Autoren — 93

Weiterführende Literatur — 94

Register — 95

Vorwort

Menschen können Menschen begeistern. Diese Aussage gilt, seit die ersten Botschaften, Ideen oder Produkte verkauft worden sind. Und egal, in welchem Beruf Sie heutzutage arbeiten, ob jemand weiterkommen will oder auch schon die entsprechende Position erreicht hat, es gilt: Egal, was man zu sagen hat, irgendwann muss man es öffentlich präsentieren, sei es auf einer Bühne, im Radio, im Fernsehen oder in den sozialen Netzwerken.
Für viele Menschen ist ein Vortrag jedoch immer noch ein kleiner Horror. Man ist nervös oder fühlt sich unwohl und hat das Gefühl, mehr mit sich und den Rahmenbedingungen beschäftigt zu sein, als mit dem eigentlichen Vortrag. Kein Stress, das bekommen wir schon hin! Ein guter Vortrag oder eine gute Präsentation ist weder ein Hexenwerk noch ist es etwas, das einem in die Wiege gelegt wird. Es ist einfach harte Arbeit. Wir erklären Ihnen, wie Vorträge und Auftritte funktionieren, und geben Hinweise, wie Sie sich vorbereiten, welche Fallgruben Sie besser umgehen sollten und welche Fähigkeiten Sie am besten einsetzen.
Die Herausforderung eines guten Vortrags, einer Rede ist letztendlich das Zusammenspiel aus Inhalt (Was will ich sagen?), Form (Wie will ich es sagen?) und unzähligen kleinen Nebenfaktoren. Sobald Sie dies erkannt haben, wissen Sie, wo Sie ansetzen können und sollten. In der Praxis werden oft die Einzelteile (Rhetorik, Kör-

persprache, Schreiben usw.) trainiert, ohne den Gesamtzusammenhang zu beachten. In den letzten Jahren haben wir ein System entwickelt, wie man das Gesamtkunstwerk „Vortrag" verblüffend einfach erlernen und trainieren kann.

„Souverän und sympathisch" deutet auf die Zielrichtung dieses Buches hin. Ohne eine solide Basis kann kein Vortrag großartig werden. Die Souveränität steht für die Basis, die Sie schaffen sollten: Was wollen Sie sagen, weshalb möchten (oder müssen) Sie etwas sagen und wie planen Sie, es sagen zu wollen. Diese Grundlage ermöglicht es Ihnen, sich entspannter mit dem Auftritt und sich selbst zu beschäftigen und so den Faktor Sympathie auszubauen. Unser Ziel ist es, Ihnen eine flexible Blaupause mit auf den Weg zu geben, an die Sie sich bei der Entwicklung, Vorbereitung und Präsentation Ihres Vortrags halten können. Zusätzlich wollen wir Ihnen jede Menge Tipps, Tricks und Insiderwissen mitgeben und zeigen, dass jeder Vortrag ein großer Spaß sein kann. Wer versteht, wie man Menschen mit den richtig gesetzten Worten begeistern kann, der wird es in vielen Lebenssituationen leichter haben, sei es bei Vorträgen, Verkaufs- und Vorstellungsgesprächen oder beim Flirten. Letzteres allein sollte doch reichen, dieses Buch zu lesen?!

Eine angenehme Lektüre wünschen Ihnen

Thomas Lorenz und Klaus-Jürgen Deuser

Fließend sprechen

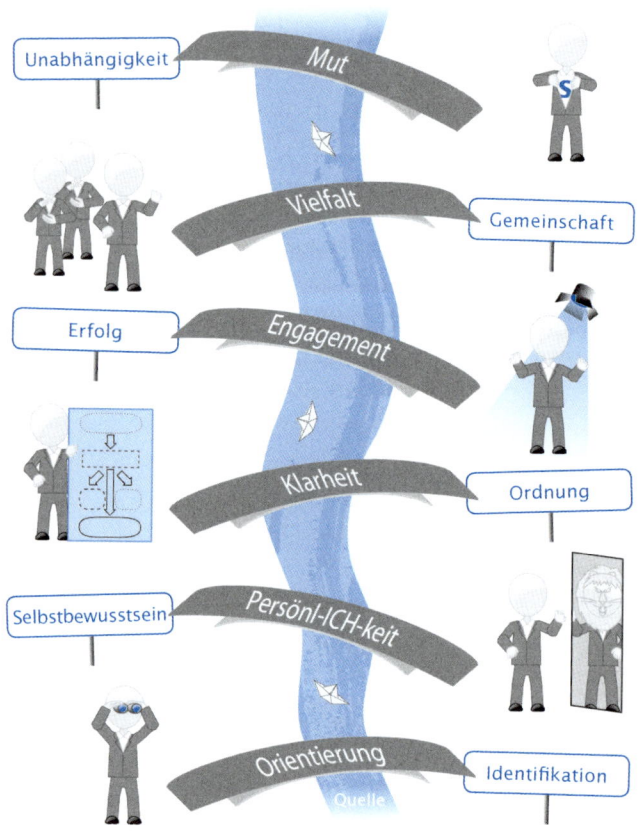

Abb. 1: Weg zum gekonnten Vortrag, zur guten Präsentation

„So fließend möchte ich auch einmal sprechen", hören wir des Öfteren Zuhörer sagen. Wir nutzen die Metapher des Flusses, um daran die Stationen aufzuzeigen, die einen Vortrag erst fließend erscheinen lassen. Bei der Flussfahrt gilt für den Kapitän (Sprecher) zunächst, ein Ziel zu haben, die Orientierung nicht aus dem Auge zu verlieren sowie Stromschnellen zu erkennen und zu umfahren. In schwierigen Gewässern ist gelassene Routine sinnvoll. Ein auf die Passagiere abgestimmtes heiteres Programm rundet alles ab.

Die Anordnung der Themen haben wir den Forschungen zu menschlichen Antriebswerten des amerikanischen Psychologen Clare W. Graves entnommen. Während bei einem Redner die Orientierung an der Botschaft oder die eigene Persönlichkeit im Vordergrund steht, lieben andere Redner Klarheit durch Vorbereitung oder zeigen Engagement, indem sie einfach anfangen. Manche bekommen ihren Antrieb aus der Vielfalt eines spannenden Publikums oder dem Mut, sich auf Unerwartetes einzulassen.

Während Menschen hier oder da ihre Stärken haben, braucht ein Vortrag ein Gesamtkonzept. Da zwingt einen das Leben zu mancher freiwilligen Handlung auch fernab des eigenen Antriebs.

Jedes Kapitel gibt Unterstützung bei einem dieser notwendigen Punkte. Manche werden Ihnen leichter, andere schwerer fallen – packen Sie es einfach an!

30 MINUTEN

Was ist wichtiger: Inhalt oder Form?
Seite 12

Woran sollte ich bei der Vorbereitung unbedingt denken?
Seite 14

Wie finde ich meine „Mission"?
Seite 17

1. Botschaften brauchen Orientierung

Mehr Inhalt, weniger Kunst!
Die Königin in Hamlet, William Shakespeare

Als wir mit diesem Buch anfingen, standen wir sehr wahrscheinlich vor derselben Frage, vor der Sie stehen, wenn Sie einen Vortrag vorbereiten sollen: Wie fange ich an? Wir halten uns in solchen Fällen immer an die Aussage von Beppo, dem Straßenkehrer in Michael Endes *Momo*: „Junge, mach dir keinen Stress. Stück für Stück, dann klappt das schon." Und so ganz falsch liegt er da natürlich nicht.

1.1 Inhalt ist der King: Was will ich vermitteln?

Ein guter Vortrag (gleichbedeutend mit Präsentation, Rede, Ansprache etc.) besteht aus zwei Hauptkomponenten, nämlich dem Inhalt (souverän), also *was* will ich eigentlich sagen, und der Form (sympathisch), *wie* will ich das alles erzählen. Und dazu kommen dann noch ganz viele unterschiedliche Nebenschauplätze wie Technik, Licht, Präsentationsform, Hilfsmittel, Zuschauerverhalten etc. Oft sind es diese Nebenschauplätze, die einen von der eigentlichen Aufgabe abhalten oder einen so richtig nervös machen. Deshalb denken Sie bitte immer daran: eins nach dem anderen.

Großartig kann ein Vortrag jedoch nur dann werden, wenn die Basis gelegt wird. Wer nichts zu erzählen hat, wird Probleme bekommen. Wer etwas zu erzählen hat und daran glaubt, hat schon den ersten Schritt geschafft. Nicht zuletzt geprägt durch unseren jahrzehntelangen Fernsehkonsum, glauben wir, dass alles schrill, groß und glamourös sein muss, um erfolgreich zu werden. Wenn man sich aber die erfolgreichsten Unternehmen der Welt ansieht, kommt man schnell zu einem anderen Ergebnis, denn da sind es nicht selten die „Nerds", die Großes hervorbringen. Apple ist nicht berühmt geworden, weil Steve Jobs gut reden konnte, sondern weil er die besten Produkte hatte. Und an diesem Punkt wird es für uns wieder richtig interessant, denn wenn man schließlich ein gutes Produkt hat, dann sollte man es auch möglichst gut darstellen und verkaufen *und* seinen Vortrag auf dieses „Produkt" abstellen. Deshalb ist die erste Aufgabe, sich dem Thema „Inhalt" zu stellen. Wenn erst mal das Was (der Inhalt) geklärt ist, kommt das Wie (die Form) oft von allein. Erst wenn Sie einen Text haben, können Sie auch anfangen zu üben.

Um den Inhalt genauer zu definieren, ist es ratsam, sich zunächst mit den Grundfragen eines jeden Vortrags auseinanderzusetzen. Am einfachsten geht man dabei den fünf großen Ws nach:

- Was ist der Anlass meines Vortrags? Wird jemand geehrt, wird eine Idee vorgestellt, muss man sich selbst präsentieren oder möchte man Menschen dazu bewegen, etwas zu tun oder zu wählen?
- Was will ich vermitteln? Was ist die direkte Botschaft? Wollen Sie ein Produkt vorstellen, müssen Sie Projektergebnisse präsentieren oder wollen Sie sich bei jemandem bedanken?
- Weshalb bin ich der Vortragende? Habe ich mich gemeldet, bin ich Projektleiter/-in, bin ich gewählt worden oder hat es meine Mutter so gewünscht?
- Wer ist das Publikum? Art, Größe und Motivation des Publikums?
- Wo findet der Vortrag statt? Welcher Ort, welche Größe, Ausstattung, Geschichte und Besonderheiten?
- Wann findet der Vortrag statt? Datum, Uhrzeit, in welchem zeitlichen Zusammenhang?

Wenn man all diese Fragen geklärt hat, ergibt sich das

Wie, also die Frage, wie der Vortrag aussehen sollte, fast immer von allein.

> **Tipp**
> Legen Sie ein klassisches Schreibheft oder einen eigenen Ordner auf dem Rechner an, in dem Sie alle Ideen und Fragen schriftlich festhalten oder beantworten. Wichtig ist, dass Sie von Anfang an die Ideen festhalten und W-Fragen beantworten. Legen Sie den Fokus weniger auf ausformulierte Sätze als auf inhaltlich korrekte Aussagen.

Was ist der Anlass?

Sobald Sie den Anlass genau benennen können, klären sich viele wichtige Rahmenbedingungen. Eine Betriebssitzung, in der mögliche Kündigungen angesprochen werden, wird mit Sicherheit keine zwei Stunden dauern und lustig sein. Wenn Sie wissen, was Sie vermitteln wollen, merken Sie schon, welche Tonalität oder welche Hilfsmittel Sie einsetzen können. „Dieses Produkt ist absolut neu, es wird ein Kassenschlager werden", unterscheidet sich deutlich von: „Wir müssen durch das Tal der Tränen und dabei fest zusammenhalten."

Was will ich vermitteln?

Die eigentliche Botschaft ist oft einfach zu bestimmen: Dieses Produkt ist absolut neu und wird ein Kassenschlager werden. Problematisch wird es, wenn Sie sofort noch eine weitere Botschaft benennen können. „Dieses Produkt ist absolut neu, es wird ein Kassenschlager werden *und* wir können Ihnen auch helfen, Ihre IT-Infrastruktur zu verbessern." Sobald Sie dies erkennen, haben Sie schon eine der großen Fallgruben für unglückliche Vorträge ausgemacht. Denn es ist die Vermischung und Überlagerung von zu vielen Botschaften, die Vorträge schnell ausufernd und schwammig werden lässt. Sie müssen lernen, zu sortieren und zu priorisieren, auch wenn das heißt, dass Sie sich von einer Lieblingsgeschichte oder vier wichtigen Charts trennen müssen. Überlegen Sie genau, welche Botschaft absolut notwendig ist. Und wenn Sie dennoch unbedingt eine zweite Botschaft unterbringen müssen, klären Sie die Priorität, setzen Sie die zweite Botschaft an das Ende des Vortrags und halten Sie diesen Abschnitt des Vortrags deutlich kürzer.

Weshalb ich?

Diese Frage ist deshalb so wichtig, weil sie Ihnen hilft, zu verstehen, wie die Erwartungshaltungen Ihrer Ansprechpartner sind. Sind Sie ein kreativer, interner Produktentwickler, wird man Ihnen sicherlich zuhören. Kommen Sie jedoch von außerhalb und wollen letztendlich etwas verkaufen, dann müssen Sie mit kritischen Gesichtern rechnen und sollten keinen jubelnden Applaus erwarten. Sind Sie Chef oder Chefin, werden die Zuhörer anders reagieren als bei Kollegen. Halten Sie Ihre Rede in der Verwandtschaft, sollten Sie in Anbetracht der nachfolgenden Buffeteröffnung die Reaktionen nicht überbewerten.

Wer kommt?

Dies ist eine häufig unterschätzte Frage. Denn bei seinen Vorbereitungen stellt man sich oft ein ideales Publikum vor, das stark von der späteren Realität abweicht. Wie oft haben wir Sätze gehört wie: „Also, ich hab das eigentlich für ein ganz anderes Publikum vorbereitet." Viele Ideen für den Vortrag, insbesondere für den Einstieg, kommen automatisch, wenn Sie sich die Gästeliste genau anschauen oder einmal ernsthaft nachfragen, wer denn wirklich kommt. Klären Sie, wie heterogen oder homogen das Publikum ist. Kommen die Zuhörer freiwillig oder sind sie verpflichtet, zu erscheinen? Wie alt sind sie? Wie jung? Gebildet, männlich, weiblich, gemischt, in welcher Verteilung? Versetzen Sie sich so gut es geht in Ihre Zuhörerschaft, dann können Sie diese und die Situation umso besser einschätzen und für sich nutzen.

Wo findet es statt?

Wie sieht der Ort aus? Vortragssaal oder Zelt? Stehen oder sitzen die Zuhörer? Sitzen sie auf Bänken oder in bequemen Sesseln, zum Beispiel in einem Kinosaal? Dann werden Sie es automatisch schwerer haben, denn wer sich weit zurücklehnt, klatscht weniger. Der Ort ist nicht so entscheidend wie andere Punkte, aber je mehr Sie wissen, umso weniger kann Sie später überraschen.

Wann findet es statt?

Unterschätzen Sie nicht das Thema Zeit. Um 9:00 Uhr morgens sind zwar viele noch nicht richtig wach, dafür sind sie aber auch noch nicht genervt. Sind Sie der fünfte Redner, sollten Sie schnell auf den Punkt kommen. Kurz vor Weihnachten denken alle an Geschenke und Familie, dann wird es schwierig, die Aufmerksamkeit zu bekommen. Während einer Fußball-WM finden Sie immer eine aktuelle Einstiegsgeschichte.

Ein einfacher Trick, den wir in unseren Jahren der Textentwicklung gelernt haben, lautet: Vor der Antwort steht die Frage. Der richtige Fragenkatalog ist die beste Hilfe bei der Vortragsentwicklung. Beantworten Sie die fünf Ws: was, weshalb, wer, wo und wann? Diese Beantwortung ist existenziell für jeden Vortrag. Vor allem auch dann, wenn man mit Unterstützung von Autoren/Schreibern arbeiten möchte. Ein Autor kann helfen, wenn er weiß, was er schreiben soll. Aber das Briefing muss von Ihnen kommen.

1.2 Mission ist die Queen: Was will ich erreichen?

Zu einem King gehört auch eine Queen. Wenn wir den Inhalt als King bezeichnen, so ist die Mission, das, was uns antreibt, unsere Queen. Wie wir später noch sehen werden, steht man immer vor der Frage: Was treibt einen an? Was ist die Motivation, etwas zu machen? Hält man den Vortrag, nur weil es ein Job ist, der einem zugefallen ist? Sind Sie verpflichtet worden und wissen nicht, wie Sie aus diesem Engagement wieder rauskommen? Oder freuen Sie sich sogar darauf, einmal im Mittelpunkt zu stehen, und wollen damit noch weitergehende Ziele angehen? Daher sollten Sie sich immer ehrlich fragen: „Was ist meine Mission, die ich mit diesem Vortrag vorantreiben möchte?

Genau genommen geht es uns um die Frage: „Was wollen Sie mit diesem Vortrag *erreichen*?" Sie werden schnell merken, dass diese Frage weitergeht als die Frage: „Was wollen Sie mit diesem Vortrag *vermitteln*?", und dass die Antworten auf beide Fragen nicht immer deckungsgleich sind. Gerade was ihre Mission angeht, sollten Sie absolut ehrlich mit sich sein. Klären Sie Ihre Mission und Ihr persönliches Ziel schriftlich, überlegen Sie, wo es zu einem Interessenkonflikt zwischen „Vermittlung" und „Mission" kommen könnte und wie Sie das eine für das andere einsetzen können.

Wenn es sich um eine Wahlveranstaltung handelt, ist es verhältnismäßig einfach: Sie wollen gewählt werden. Wie ist es aber, wenn Sie aktuelle unternehmensinterne Projektergebnisse vorstellen sollen, es Ihnen aber langfristig darum geht, sich selbst für die nächste Karrierestufe zu empfehlen? Noch schwieriger wird es, wenn man in eine moralische Selbstdiskussion mit sich gerät (Individualkonflikt), zum Beispiel bei einem Jubiläum. Gesagt wird: „Du bist der beste Opa der Welt!" Was man aber erreichen möchte, kann man eher mit dem Satz zusammenfassen: „Lieber Opa, denk beim Testament bitte auch an mich."

Natürlich wollen Sie Ihren Job gut machen oder die Ihnen anvertraute Aufgabe perfekt lösen, aber fast immer haben Sie neben der eigentlichen Botschaft noch einen Hintergedanken.

Hier ein Beispiel, weshalb es so wichtig ist, ehrlich mit sich zu sein. Natürlich war jeder schon einmal in der Situation, in der ihm klar wurde: „Heute bin ich nicht richtig vorbereitet." Oder: „Ich habe alle Unterlagen vergessen." In solch einem Fall muss Ihre Mission lauten: überleben. Wenn Sie sich das eingestehen, wird die Chance, dass Sie heil durch den Vortrag kommen, sofort größer. Das bedeutet, sich so kurz wie möglich zu halten, aber die kurze Zeit mit möglichst vielen Begrüßungen und freundlichen Geschichten zu füllen, sodass Sie zumindest als sympathisch wahrgenommen werden.

Die zwei wichtigsten Komponenten eines Vortrags sind Inhalt und Form. Geben Sie dem Inhalt die absolute Priorität. Wenn Sie nichts zu sagen haben, bringt Sie auch die beste Performance nicht weiter. Ein einfacher Trick lautet: Vor der Antwort steht die Frage! Also: „Was will ich vermitteln?" (die Botschaft) und „Was will ich erreichen?" (der Subtext und die eigene Mission). Beantworten Sie diese Fragen schriftlich. Konzentrieren Sie sich möglichst nur auf eine Botschaft und seien Sie ehrlich, wenn es um das Thema Subtext geht.

30 MINUTEN

Wodurch bleibe ich authentisch?

Seite 22

Wie gehe ich mit meinen Grenzen erfolgreich um?

Seite 24

Woran erkenne ich die persönlichen Interessen meiner Zuhörer?

Seite 29

2. Sprecher haben Persönlichkeit

Wenn eine Persönlichkeit mich fesselt,
wird jede Form des Ausdrucks an ihr zum Genuss.
Oscar Wilde

Jeder Mensch bevorzugt bestimmte Verhaltensweisen und Denkhaltungen. Welche das sind, lässt sich aus dem jeweils eigenen Persönlichkeitsbild ableiten. Wer einerseits sein eigenes Persönlichkeitsprofil kennt, weiß, wie er in einer bestimmten Situation mit hoher Wahrscheinlichkeit reagieren wird. Wer andererseits auch die Persönlichkeit der Zuhörer nicht außer Acht lässt, wird diese eher erreichen.

2.1 Die „ideale" Persönlichkeit des Redners

Sind Sie auch schon einmal Menschen begegnet, die Sie bewundern, weil sie Situationen treffsicher wahrnehmen und begeisternd und motivierend darstellen können? Haben Sie sich schon einmal gefragt, was diese überzeugungsstarken Menschen von anderen unterscheidet? Wahrscheinlich liegt es daran, dass diese Menschen „Persönlichkeiten" in dem Sinne sind, dass sie ihre angeborenen geistigen und charakterlichen Anlagen voll entfaltet und in ein ausgewogenes Verhältnis zueinander gebracht haben.

Mit sich im Reinen sein
Diese Menschen sind mit sich selbst im Reinen, ihre Wertvorstellungen, Handlungen, ihre Denkweisen und Äußerungen stimmen miteinander überein, es gibt keinen Widerspruch zwischen den entwickelten Anlagen. Wir sprechen von orientierten, zentrierten und integrierten Persönlichkeiten, die aufgrund ihrer Persönlichkeitsmerkmale über eine große Überzeugungskraft und Entscheidungsstärke verfügen.

Diesen Menschen ist gemeinsam, dass sie in einem hohen Maße ihr Selbstbild reflektieren, dies mit der Resonanz anderer auf ihr Verhalten abgleichen und sich so verstärkt mit sich selbst auseinandersetzen.

Orientierte Menschen handeln stets so, dass sie auch nach Durchführung der Handlung keinen Konflikt erleben und nicht an sich selbst zweifeln. Sie orientieren ihre Handlungen an bewusst reflektierten Werten: „Ich tue nur, was vor meinem Wertesystem Bestand hat. Ich lebe im Beruf keine anderen Werte und Vorstellungen als im Privatleben."

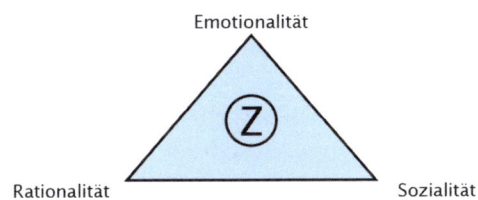

Abb. 2: Zentrierte Menschen

Bei *zentrierten Menschen* befinden sich die Aspekte Rationalität, Sozialität und Emotionalität im Gleichgewicht. Sie überbetonen nicht eine Dimension, verlieren sich nicht in Sachargumenten, machen nicht aus jeder Situation eine Beziehungskrise und vergessen nicht, Vertrauensfelder aufzubauen, um andere zu erreichen. Stattdessen lassen sich an diesen Personen folgende Merkmale im Gleichgewicht beobachten:
- Sie können Gefühle wie Freude, Angst, Trauer und Spaß ehrlich zeigen (Emotionalität).
- Appelle, die sie verbal äußern, erreichen andere Menschen und führen zu der gewünschten Reaktion (Sozialität).
- Sie reagieren auf Sachfragen selten emotional und sind bei Angriffen nicht beleidigt (Rationalität).

Der Dreiklang spiegelt sich nicht nur in der Person des Redners wieder. Jedes seiner Worte hat eine:
- *rationale Ausprägung*, die sich aus der semantischen Bedeutung oder situativen Definition ergibt (nicht jeder Bankraub ist die Mitnahme einer Sitzgelegenheit),
- *emotionale Ausprägung*, die sich aus den aktuellen Gefühlen und Interessen ergibt,
- *funktionale Ausprägung* (Sozialität), die sich aus der individuellen Sozialisation des Zuhörers ergibt, die jeder Botschaft die Funktion einer Selbstdarstellung, Du-Botschaft oder eines Appells zuschreibt.

Für jeden Vortrag gilt: Kopfkino ist dreidimensional!

Umgang mit Grenzhaftigkeit

Integrierte Menschen leben in einer Ich-Wirklichkeit, in der das reflektierte Selbstbild und das durch Feedback zurückgespiegelte Fremdbild miteinander versöhnt sind: Sie sehen eine hohe Übereinstimmung zwischen ihrem Idealbild (das sie von sich selbst haben) und dem Bild, das sich andere von ihnen machen (Fremdbild).

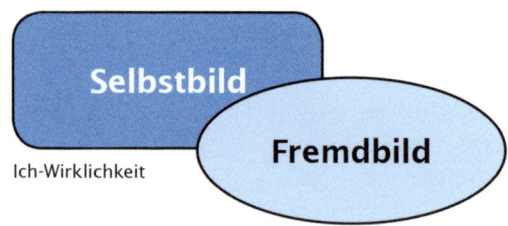

Abb. 3: Integrierte Menschen

Nicht ausreichend integrierte Menschen sind dagegen anfällig für Frustration. Aus unserem Selbstbild formulieren wir unseren Geltungsanspruch („Ich bin toll."), durch die Rückmeldungen des Fremdbildes erhalten wir ein Geltungsangebot (Feedback). Wann immer Geltungsanspruch und Geltungsangebot nicht übereinstimmen, entsteht Frustration. Je nach Stärke und Situation der Frustration reagieren Menschen und somit auch Redner mit Aggression oder Angriff, mit resigniertem Rückzug, mit kindlichem Sich-darüber-Amüsieren oder mit besonderem Energieaufwand in Form von Redundanz und Lautstärke. Dies lässt sich reduzieren, je besser Sie Ihre persönlichen Präferenzen kennen und damit umzugehen wissen.

Der Begriff der Präferenz

Der Begriff der Präferenz (= Bevorzugung) ist Ihnen wahrscheinlich aus verschiedenen Bereichen des Alltagslebens vertraut. Wenn Sie eine Jacke anziehen, haben Sie die Präferenz, zuerst mit einem bestimmten Arm hineinzuschlüpfen. Sie „bevorzugen" also einen Arm – probieren Sie einmal aus, welcher dies bei Ihnen ist.

Nutzen wir unsere präferierte, unsere bevorzugte Seite, so können wir schnell und ohne großes Nachdenken handeln. Sind wir aber gezwungen, unsere nicht bevorzugte Seite zu nutzen, fällt uns das schwer und wir benötigen unsere ganze Aufmerksamkeit und Konzentration. Andererseits: Wenn es notwendig ist, die nicht bevorzugte Seite einzusetzen, um ein Ziel zu erreichen, und wir uns dabei nicht allzu sehr „verbiegen" müssen, genügen oft ein wenig Übung und Training, um darin besser zu werden – allerdings nie so gut, wie es mit der bevorzugten Seite möglich ist. Sich als Redner seiner selbst bewusst zu sein, ist einer der wesentlichen Perfomance-Treiber. Was das genau bedeutet, soll hier exemplarisch an den auf C. G. Jung zurückzuführenden Gegensatzpaaren von Extraversion und Introversion beschrieben werden.

Extraversion versus Introversion
Forschungen zufolge gelten Menschen mit Extraversion (auch als extrovertiert bezeichnet) in der westlichen Gesellschaft als sozial erwünschter/erfolgreicher. Daran ändert sich auch dann nur schwer etwas, wenn man erkennt, dass Albert Einstein oder Bill Gates wohl eher der Seite der Introvertierten zugeordnet werden müssten (in asiatischen Kulturen kann sich dies übrigens genau umgekehrt darstellen). Als Introvertierter nicht unter dem Ideal der Extraversion zu leiden und als Extravertierter die eigene Geschwindigkeit und Lautstärke zu reflektieren, könnte das professionelle und dennoch authentische Auftreten erfolgreicher werden lassen. Dabei hilft der Satz des Orakels von Delphi: „Erkenne dich selbst."
Reflektieren Sie anhand der Tabelle, wo Sie Ihre persönliche Präferenz sehen. Würden Sie sich eher als extravertierte oder introvertierte Persönlichkeit bezeichnen?

Woher beziehen Sie Ihre Energie?	
Extraversion	**I**ntroversion
• Ziehen es vor, die Dinge gleich mal auszuprobieren	• Fühlen sich zum Nachdenken in die Innenwelt hingezogen
• Handeln gern schnell	• Ziehen es vor, Probleme „zu durchdenken"
• Sprechen die Dinge durch	• Lernen am besten durch Reflexion
• Lösen Probleme gern durch Interaktion	• Haben eher tief gehende Interessen
• Handeln – denken – handeln	• Neigen dazu, erst nachzudenken, bevor sie reden
• Erhalten Energie aus der Außenwelt	• Erhalten Energie aus der Innenwelt

Abb. 4: Präferenzen nach dem Myers-Briggs-Typenindikator MBTI®

Eine Präferenz beschreibt nicht, was Sie können, sondern was Sie bevorzugen. Präferenzen sagen nichts über Fähigkeiten aus. Es gibt keine besseren oder schlechteren Typen. Sie können sowohl mit der rechten Hand als auch mit der linken Hand beginnen, die Jacke anzuziehen. Wenn wir unseren Präferenzen folgen, empfinden wir das meist als leicht, schnell und angenehm – wir nutzen dann unseren eigenen „Energiespargang".

Schwächen entstehen dabei häufiger im Übertreiben der eigenen Stärken denn im Vernachlässigen der nicht präferierten Seite. Damit die Stärke nicht übertrieben wird, können Sie sich hier bewusst entscheiden, Ihre Präferenz zu verlassen und zeitweise eine Unterstützung in der nicht präferierten Seite zu finden. Dabei geht es nicht darum, „sich zu verbiegen", sondern um hilfreiche Unterstützung. Lassen Sie sich nicht durch minderwertige Rhetorikseminare dazu verführen, mit Ihrem Körper zu lügen. Suchen Sie Wege, die zu Ihnen passen.

So kann der introvertierte und brillante, aber eher trockene Analytiker z. B. seinen Vortrag mit kleinen Videoeinspielungen oder Cartoons würzen. Es ist auf jeden Fall besser, als der Versuch, wie eine aufgedrehte Puppe über die Bühne zu tanzen, weil „man das so macht, um das Publikum zu fesseln".

Der extravertierte und ausdrucksstarke, aber unbedachte Sprecher verbessert seine Chancen, wenn er sich analytisch auf den Vortrag vorbereitet, um nicht wichtige Punkte zu vergessen und dennoch die Zeit zu überziehen.

Wir wissen, dass Introvertierte im Gegensatz zu extravertierten Menschen schneller durch äußere Reize gestresst werden und damit gleichzeitig ihre Performance sinkt. Stress wird subjektiv empfunden; es kann also ein Ansatz sein, das eigene Stressempfinden, z. B. Nervosität, vor einem Vortrag zu reduzieren (das gilt natürlich auch für Extravertierte). Hier gilt: Übung/Training macht den Meister.

Dieses Training wirkt wie die Desensibilisierung bei Allergien. In kleinen Etappen stellen Sie sich immer wieder der Situation: erst ein kleiner Vortrag in der eigenen Arbeitsgruppe, dann vielleicht bei einer privaten Feier im Freundeskreis und schließlich bei einem Kundentermin. Wichtig ist, dass Sie dabei positive Rückmeldung erhalten; so kann es helfen, wenn Sie bei einem Auftritt einen Freund im Publikum haben, der „bedingungslos" zu Ihnen hält und Sie während des Auftritts positiv, z. B. durch zustimmendes Nicken, „anfeuert".

Einen Fehler begehen wir, wenn wir Introversion mit Schüchternheit gleichsetzen. Hinter Schüchternheit steckt die Angst, von anderen abgelehnt oder gedemütigt zu werden. Schüchternheit ist beiden eigen und tut beiden weh. Susan Cain schreibt dazu: „Sie können eine schüchterne Extravertierte wie Barbra Streisand mit einer übergroßen Persönlichkeit und lähmendem Lampenfieber sein oder ein gar nicht schüchterner Introvertierter wie Bill Gates." (Cain, S. 12)

Authentisch ist ein Mensch, der innerhalb der ihm eigenen Grenzen mit sich selbst im Einklang ist. Er lügt nicht über seine Körpersprache, er sagt und macht nur, was vor seiner eigenen Persönlichkeit und seinen Werten Bestand hat. In dieser Orientierung liegt die Überzeugungsstärke.

2.2 Die Persönlichkeit des Zuhörers erreichen

Schließen Sie bitte, wenn Sie diesen Satz zu Ende gelesen haben, einmal für einen kurzen Augenblick die Augen und beschreiben Sie für sich selbst – ohne noch einmal auf die Uhr zu schauen – das Zifferblatt Ihrer Uhr: Wie viele Zahlen, Striche, Punkte hat es? Ist ein Kalender vorhanden, wenn ja: wo?

Schauen Sie sich jetzt, da Sie die Augen wieder geöffnet haben, Ihre Uhr an. Sieht diese so aus, wie Sie dachten? In unseren Seminarübungen stellen wir immer wieder fest, dass die meisten bei genauer Betrachtung der Uhrenmerkmale nur wenig über das Aussehen der Uhr wissen. Fragen wir die Teilnehmer an dieser Stelle unerwartet nach der Uhrzeit beim letzten „Draufschauen", können sie uns diese nicht sagen, obwohl sie gerade auf die Uhr geschaut haben.

Was lehrt uns diese Übung? Offensichtlich spielt es keine Rolle, dass uns unsere Uhr andauernd Aussehen *und* Uhrzeit sendet, weil wir nur eines davon wahrnehmen, und zwar das, was unserem Interesse entspricht.

So ist es auch in der Kommunikation zwischen Menschen. Wahrnehmen bedeutet immer: etwas erkennen, es meist unbewusst deuten und dabei festlegen, ob es relevant ist oder nicht.

Vortrag – der Dialog mit den Interessen im Publikum

Kein Mensch ändert seine Meinung, nur weil andere ihm sagen, was diese für richtig halten. Gelingt es aber, die Werte, Erwartungen, Interessen und Bedürfnisse (WEIB) des anderen zu erreichen, wird dieser meist viele eigene Gründe für sich selbst finden, den Inhalt der Botschaft als nützlich anzunehmen (vgl. Lorenz/Oppitz: 30 Minuten Sprach-Führer zum Erfolg).

Leider befinden sich die Interessen wie der größte Teil eines Eisbergs unter der Oberfläche und sind nur an den Reaktionen des anderen zu erkennen. Nicht was ich sage, sondern was der andere mit seinem Interesse hört, bestimmt die Botschaft. „Wie kann ich wissen, was ich gesagt habe, bevor ich sehe, wie der andere reagiert?" Spätestens an dieser Stelle wird deutlich, dass auch jeder Vortrag ein Dialog ist – der Dialog mit dem Publikum.

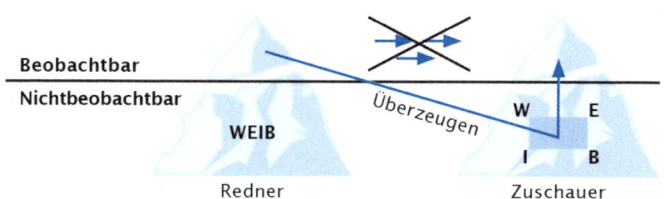

Abb. 5: Überzeugen zielt auf die Interessen des anderen

Der Zuhörer als Persönlichkeit

Es ist nicht leicht, die Reaktion der Zuhörer zu erfassen. Zum Glück gibt es Persönlichkeitsmodelle, die häufig zu beobachtende Reaktionen auf ihre Gründe untersucht und nach statistischen Methoden Muster herausgefunden haben. Zwei nahezu immer bedeutsame Muster seien hier erwähnt:

Wahrnehmen und Entscheiden

Wer ist mein Zuhörer? Nun können Sie nicht immer alle Zuhörer sich vorstellen lassen, dennoch ist es sinnvoll, vorher einmal zu überlegen, mit wem Sie rechnen könnten. Und wie nehmen die Zuhörer wohl Ihre Ausführungen wahr, wonach entscheiden sie?

Wie Menschen wahrnehmen und entscheiden ist eine Frage, die C. G. Jung, aber auch die Amerikanerin Katharine Briggs beschäftigte. Jung fand in jedem mentalen Prozess zwei sich voneinander unterscheidende Typen heraus. Fragen Sie sich anhand der Tabelle einmal, welche Seite besser zu Ihnen passt.

Wie Sie die Wirklichkeit wahrnehmen	
Sensing/Empfinden • konkrete Projekte • auf Erfahrung bauend • an Daten/Fakten orientiert	I**N**tuition • Abstraktes/Theorien • Gesamtbild suchend • den 6. Sinn nutzend
Wie Sie entscheiden	
Thinking/Denken • prinzipientreu • nach Regeln suchend • ergebnisorientiert	**F**ühlen • wertebezogen • nach Sinn suchend • umsetzungsorientiert

Abb. 6: Präferenzen des Wahrnehmens und Entscheidens

Da wir immer wahrnehmen (mit S und N dargestellt) und entscheiden müssen (mit T und F dargestellt), ergeben sich hieraus vier denkbare Kombinationen: ST, SF, NT und NF. Jede dieser Präferenzen bestimmt die

Vorlieben von Sprechern und Zuhörern. Detailmäßiges Wahrnehmen (S) in Kombination mit Denken (T) braucht Zahlen, Daten, Fakten und sendet diese auch gerne. Ideenreiches Wahrnehmen (N) und beziehungsorientiertes Entscheiden (F) braucht Begeisterung und Anteilnahme durch Emotionalität und Sozialität.
Die Wahrscheinlichkeit, aus allen Bereichen jemanden im Auditorium zu haben, ist groß. Sprechen Sie mit Ihren Worten alle ausreichend an? Bringen Sie Begeisterung in den Fachvortrag und Fakten in die Motivationsrede? Das Zusammenspiel erzeugt das Vertrauen vieler Zuhörer.

Abb. 7: Menschen in ihren Präferenzen erreichen

Wie Botschaft und Beziehung Vertrauen schaffen
Folgen wir der Idee, dass die Funktion der Sprache neben einer inhaltlichen auch immer eine Beziehungsebene betrifft, ergeben sich für uns vier Felder, die die Abhängigkeit der beiden Dimensionen beschreiben.
Da ist zunächst die Beziehungsebene, die sich zwischen

mir als Sender und meinem Publikum aufspannt. Sprechen wir z. B. mit unseren Kindern, können diese die Beziehung zu uns überwiegend positiv (in deren Sprache „liken" = ♂) oder als eher negativ wahrnehmen (also ein klares „Dislike" = ♀).

Auf der zweiten Ebene geht es dann um die vom Sender wahrgenommene Klarheit meiner Botschaft, meiner Inhalte – kurz die Souveränität.

Wenn Ihr Kind auf einer Mauer steht und Ihnen auf Ihre Aufforderung hin voll Vertrauen in die Arme springt, zeigt es, dass die Beziehungsebene positiv geprägt ist – es besteht Sympathie und die Botschaft war klar.

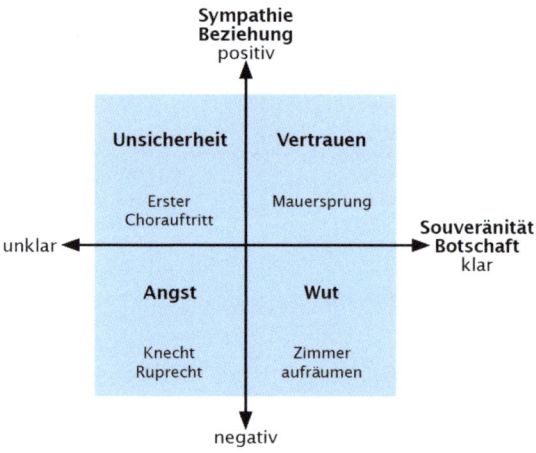

Abb. 8: Mit Souveränität und Sympathie zu Vertrauen

Führt die Aufforderung, das Zimmer aufzuräumen, bei den Kindern zu Wut, können Sie sicher sein, dass zumindest die Botschaft klar verstanden wurde, wenngleich aber jetzt die Beziehungsebene negativ oder gestört ist.
Wird in der Adventszeit „Knecht Ruprecht" o. Ä. angekündigt, ist zu ihm, anders als zum Nikolaus, die Beziehung eher schlecht. Unklar ist auch, was geschehen wird. Dies führt zu Angst.
Anders die Bemerkung der stolzen Eltern, dass die erste Aufführung mit dem Schulchor für die junge Sängerin bestimmt ein voller Erfolg wird. Hier ist die Beziehung positiv besetzt, die Situation selbst bleibt aber noch unklar, was bei der Sängerin zu einem Gefühl der Unsicherheit vor dem Auftritt führt.
Für den Redner bedeutet dies in der Vorbereitung: Habe ich eine klare Botschaft und wie baue ich eine gute Beziehung auf?

Ein guter Redner bringt seine Authentizität, den Inhalt und die Persönlichkeit seiner Zuhörer in Einklang. Er lässt sich nicht durch Vorurteile über Extraversion und Introversion in ihm fremde Darstellungen drängen. Er versteht seinen Vortrag als einen Dialog mit dem Publikum. Souverän in der Botschaft und sympathisch auf der Beziehungsebene, schafft er Vertrauen statt Angst.

30 MINUTEN

Was macht es mir schwer, mit den Vorbereitungen zu beginnen?
Seite 38

Wie führe ich die Zuhörer durch meinen Vortrag zu einem gelungenen Abschluss?
Seite 40

Wann kann ich einen Witz erzählen, wann verwende ich persönliche Geschichten?
Seite 45

3. Vorbereitung schafft Klarheit

Um einen Zufall herbeizuführen, bedarf es vieler Vorbereitung. Um einen gut improvisierten Vortrag zu halten, braucht man mindestens drei Wochen.
Mark Twain

Wir wissen aus eigener Erfahrung und vielen Gesprächen: Egal, was man an Vorbereitung geleistet hat, irgendwann muss man sich an den Rechner setzen oder einen Stift zur Hand nehmen und anfangen. Daher möchten wir Ihnen den allerwichtigsten Tipp auch zuerst liefern: Brillant wird ein Vortrag nur durch das „Rewriting", also die Überarbeitung. Aber um etwas überarbeiten zu können, braucht man (leider) einen ersten Text (first draft). Deswegen: Schreiben Sie den ersten Satz und Sie werden merken, dass die Blockade immer brüchiger wird.

3.1 Aller Anfang ist schwer

Hier ist die Stelle, an der wir Autoren Ihnen, liebe Leser, wohl am nächsten sind. Dieses Kapitel zu beginnen unterscheidet sich wahrscheinlich in nichts von Ihrem Start in die nächste Rede. Ein weißes Blatt Papier, viele Inhalte und Ideen und 1000 Gründe, noch eben etwas anderes machen zu müssen.

Morgen, morgen, nur nicht heute

Wir sprachen schon im Kapitel 2 über persönliche Präferenzen. Die Präferenz zeigt, was uns liegt, was uns leichtfällt. Die nicht präferierte Seite fällt uns schwerer, ist aber für einen guten Vortrag auch vonnöten. Sie fordert von uns ganz besonderen Aufwand. Hier wohnt der „innere Schweinehund". Schauen Sie sich die folgende Gegenüberstellung an und fragen Sie sich, welche Seite Sie bevorzugen. Die dann jeweils gegenüberliegende Seite ist Ihr persönlicher Engpass. Wenn Sie die Gegensatzpaare in der Abbildung priorisiert haben, kennen Sie das, was Ihnen leichtfällt, und die „nervigen" Felder, in denen dieses Buch oder ein guter Coach (egal ob privat oder professionell) Sie unterstützen kann.

Extravertierten fehlt oft die Geduld, ein Konzept zu schreiben, Introvertierte veranlasst mögliches Lampenfieber zu noch mehr Reflexion. Einige verlieren sich in Details, andere bekommen vor lauter Ideen keinen konkreten Satz aufs Papier. Leider nimmt der gute Vortrag darauf keine Rücksicht.

Bitte kreuzen Sie eine Seite pro Zeile an.	
Extraversion	**Introversion**
Ich freue mich auf meinen Auftritt, kann es kaum erwarten, dass es **losgeht**. Erzähle schon jetzt jedem davon. ☐	Ich würde gerne erst einmal alles **genau klären** und reflektieren und mit wenigen Partnern alles durchgehen. ☐
Sensitives Empfinden	**INtuition**
Ich suche die **Daten**, trage Einzelheiten zusammen, brauche Konkretes. ☐	Ich habe viele **Ideen**, bin schnell in der Zukunft, brauche das Gesamtbild. ☐
Thinking/Denken	**Fühlen**
Ich gebe den Zuhörern logische **Lösungen** für ihre Entscheidung, analysiere Ursachen und deren Auswirkungen. ☐	Ich will die **Interessen** und Bedürfnisse jedes Einzelnen erreichen. Mein Wertesystem setzt mir manchmal Grenzen. ☐
Judging/Urteilen	**Perceiving/Wahrnehmen**
Ich brauche **Zeitpläne**, will mich nicht verzetteln. Erst die Arbeit erledigen, dann kann ich innerlich frei sein. ☐	Ich kann Sachen **liegen lassen** und später aufgreifen. Da ändert sich eh dauernd etwas. Bin auf den Punkt fertig. ☐

Abb. 9: Meine „blinden Flecken" auffüllen

Schauen Sie sich an, was Ihnen liegt und wozu Sie weniger Lust haben, was mehr Energie verbraucht. Überwinden Sie den inneren Schweinehund und/oder lassen Sie sich coachen oder unterstützen.

3.2 Auch Vorträge haben Struktur

Grundsätzlich sind Vorträge immer ähnlich aufgebaut: Anfang, Story, Botschaft, Outro. Schauen Sie sich einmal TED-Vorträge an. Sie finden diese auf YouTube (eine große Hilfe für alles.) Viele dieser Vorträge sind nur drei bis fünf Minuten lang, aber umso klarer können Sie hier die Struktur eines guten Vortrags erkennen. Verlängern können Sie einen Vortrag immer, ihn hingegen zu kürzen und auf den Punkt zu bringen, ist oft viel schwieriger. In diesem Kapitel geht es also um das Schreiben und das beginnt mit dem Anfang.

Anfang

„Hallo Stuttgart. Vielen Dank für den netten Empfang. Und wenn ich das richtig gesehen habe, dann haben die ersten von Ihnen sogar gelächelt. Falls Sie nicht zu dieser Gruppe gehören, machen Sie sich keine Sorgen. Ich kann Sie gut verstehen. Man kann ja in Deutschland nicht sofort Spaß haben. „Spaß haben" ist ja keine deutsche Kernkompetenz. In Deutschland sollte man zuerst immer klären: Ist dieser Vortrag vernünftig strukturiert? Ich versichere Ihnen, Sie werden an der Struktur wenig zu bemängeln haben, aber falls Sie während meiner Worte doch irgendwann Spaß haben sollten, so ist dies vollkommen legitim und Sie dürfen Ihren Gefühlen gern kurz auch mal freien Lauf lassen."

Die Aufgabe des Anfangs ist es, die Zuschauer abzuholen, sich selbst zu präsentieren und zu erklären. Dieser

Teil des Vortrags muss überhaupt nichts mit der eigentlichen Botschaft zu tun haben, seine Aufgabe ist es vielmehr, die Zuhörer emotional zu binden, Ihre persönliche Glaubwürdigkeit zu erhöhen und Ihnen zusätzlich die nötige Selbstsicherheit und den nötigen Spaß mit auf den Weg zu geben. Sie müssen die Zuschauer dabei nicht zum Lachen oder Weinen bringen, aber wenn Sie merken, dass Sie die Zuhörer einmal zum Lächeln bekommen und sich deren verschränkte Arme etwas lockern, haben Sie das Ziel schon erreicht.

Tipps für Anfänge
- Spielen Sie mit den Anfängen. Natürlich muss man „Hallo" sagen, aber man muss nicht immer *„Herzlich willkommen"* sagen. *„Schön, dass Sie da sind"* oder *„Toll, dass Sie es alle geschafft haben"* wäre eine Alternative.
- Tauschen Sie, wo es möglich ist, *„Meine Damen und Herren"* aus. Werden Sie persönlich: *„Liebe Festgäste." „Liebe Mitarbeiter und Mitarbeiterinnen." „Ich sehe, alle unsere Kunden sind heute da."* Und versuchen Sie dann einen persönlichen Bezug zum Ort, Raum und/oder den Zuschauern aufzubauen.
- Spielen Sie mit dem Charakter oder der Größe der Stadt. Wenn Sie zum Beispiel in einem sehr kleinen Ort Ihren Vortrag halten: *„Niederlistingen, super, hier wollte ich schon immer einmal sprechen."* Wenn Sie jetzt mit einem freundlichen Lächeln (keinesfalls abwertend) eine Pause setzen, haben Sie gewonnen.

- *„Vielen Dank. Schön, hier zu sein. Ich habe mir sagen lassen, Düsseldorf sei die einzige Stadt in Deutschland mit Hooligans, die Boss-Anzüge tragen."*
- Spielen Sie mit Klischees: *„Schön, wer hätte gedacht, dass unser Vertrieb so konzentriert bei der Sache sein kann. Ich sehe, die Hälfte ist sogar schon im Saal."* Aber Ironie geht nur, wenn Sie freundlich bleiben. Nehmen Sie sich ruhig auch einmal selbst aufs Korn.
- Spielen Sie mit Ihrer Person: *„Liebe Freunde guter Bücher, freuen Sie sich auf einen fantastischen Abend. Ich verspreche, ich werde mich kurz halten. Gerade im Jahr der Barmherzigkeit sollte eine Rede nicht mehr als zwei bis drei Stunden dauern."*

Und falls Sie sich vorstellen müssen, weil es niemand getan hat oder Ihr Name nirgends projiziert wird, dann nutzen Sie das als Chance und suchen Sie nach einer kurzen und sympathischen Ansprache.

Story und Botschaft
Story und Botschaft gehören immer zusammen. Manchmal werden sie getrennt geschrieben, das heißt, Sie haben die Botschaft und suchen die passende Story, manchmal haben Sie eine tolle Story und suchen nach den Botschaften und Erkenntnissen, die in dieser Story verwurzelt und versteckt sind, und manchmal ist die Story die Botschaft. Dieser Abschnitt sollte den Hauptteil Ihres Vortrags ausmachen, daher haben wir ihm später auch ein eigenes Unterkapitel gewidmet.

Die Überleitung

Wir bedienen uns hier „fetter" Überschriften, um Ihnen zu zeigen, dass nun ein weiterer Inhalt kommt. Die fette Überschrift haben Sie auf der Bühne nicht, weshalb Sie unbedingt einen roten Faden brauchen. Überlegen Sie sich schon beim Schreiben, ob die Zuhörer Ihren Gedanken(-sprüngen) folgen können. Wenn Sie in einem Konzertsaal einerseits die historische Orgel lobend erwähnen möchten, die dem Raum seinen Charakter verleiht, andererseits aber die Pannen beim letzten Konzert zum Thema haben, brauchen Sie schon einen besonderen Übergang, z. B.: *„Tolle Orgel – und wo wir gerade bei Pfeifen sind ..."* Sie erkennen: Übergänge sind nicht leicht. Aufzählungen wie *„Erstens, zweitens ..."* oder Dreisatzformen wie *„Einerseits, andererseits ..."* helfen.

Outro

Die Herausforderung eines guten Outros ist es, mit wenigen Sätzen noch einmal einen Paukenschlag zu setzen, der aber nicht die Glaubwürdigkeit Ihrer Person beschädigt. So wichtig die „first impression" auch ist, so wichtig ist auch das letzte Bild, das Sie abgeben. Oberstes Ziel: Fassen Sie sich kurz und verwässern Sie nicht Ihre vorherige Arbeit. Das Publikum beklatscht ein Feuerwerk, aber keinen Sonnenaufgang, soll der Dramatiker C. F. Hebbel gesagt haben.

Klingt selbstverständlich, ist es oft aber nicht. Weil man entweder den Vortrag noch einmal zusammenfassen, sich dann bei allen bedanken möchte, auf weitere Projekte hinweist und noch zwei Geburtstagsgrüße ausrichtet. In der Realität kommt man häufig nicht um eine zweite Botschaft herum, z. B. einen Verweis auf weitere Studien, eine Stiftung, neue Projekte der Firma oder das nächste Familienfest. Besser wäre es jedoch, wenn der Gastgeber oder die Moderatorin diese Zusatzinformationen liefern würde. Ihr Ziel sollte immer ein klarer Schluss sein. Zum Beispiel, indem Sie die Ergebnisse zusammenfassen und in einen größeren Zusammenhang setzen: *„... dieses Projekt zeigt auf eindrückliche Weise, was unser Unternehmen grundsätzlich ausmacht: Innovationen, die lebensnah und realisierbar sind. Sie merken, es gibt immer eine Lösung oder um es mit Wilhelm Busch zu sagen: Wo Sorgen sind, ist auch Likör!"*

30 *Auch Vorträge haben eine Struktur: Anfang, Story, Botschaft und Outro. Mit dem Anfang bereiten Sie die Basis für den eigentlichen Vortrag vor. Versuchen Sie, die Begrüßung maßgeschneidert auf Ihr Publikum abzustimmen. Nehmen Sie das Publikum durch gezielte Übergänge mit. Nach dem eigentlichen Vortrag sollten Sie noch einmal gesondert den Schluss oder das Outro bearbeiten. Setzen Sie einen klaren Schlusspunkt und fassen Sie sich kurz.*

3.3 It´s all about „Storytelling"

Letztes Jahr Weihnachten, die ganze Familie hat sich zu Hause getroffen. Mein Vater, Anfang 80 und noch superfit, schlug kurz an sein Glas, erhob sich und hielt eine kurze Rede. Zum Abschluss holte er noch einmal tief Luft, setzte eine kleine Pause und sagte mit einem Lächeln: „Übrigens, eure Mutter und ich, wir spielen jetzt Senioren-Memory." Er ließ diesen Satz kurz stehen, lächelte und schaute in leicht verdutzte Gesichter. Zu Recht, denn jeder fragte sich: Was will er? Senioren-Memory? Gibt's das wirklich? Wie soll das gehen? Gibt es von jedem Objekt jetzt nur noch eine Karte? Mein Vater ließ die Pause kurz stehen und erklärte verschmitzt: „Eure Mutter und ich, wir gehen jetzt immer gemeinsam in den Keller. Und wer sich dann als Erstes erinnert (Pause), was er holen will (Pause), hat gewonnen." Das war für uns alle der Spruch des Jahres.
Rückblickend erkannten wir jedoch, dass es mehr war als ein guter Spruch. Er hat mit einer kleinen Story und einem Gag ein klares Statement zum Thema Alter abgegeben. Natürlich wird er sich auch Sorgen über das Alter machen, aber er hat mit dieser Geschichte dem Alter den Stachel der Angst gezogen. Und das ist es, was große Vorträge brauchen: Geschichten, die das Leben schreibt.
Sie wollen Botschaften rüberbringen *und* dafür sorgen, dass sie nachhaltig haften bleiben? Dann suchen Sie nach Geschichten, in die Sie die Botschaft verpa-

cken können oder die Sie der Botschaft voranstellen. Setzen Sie sich hin und beobachten Sie Menschen oder auch Tiere. Sie werden Geschichten finden.

Wenn Sie sich jetzt fragen, in wessen Familie die oben genannte „Weihnachtsgeschichte" stattgefunden hat, ist es uns gelungen, weiteres Interesse aufzubauen. Geschichten sollten davon getragen werden, dass sie eine Botschaft transportieren, Interesse wecken und nicht zur Selbstdarstellung verkümmern. Nur wenn der Inhalt Authentizität und Glaubwürdigkeit transportieren soll oder etwas über Sie als Sprecher zu transportieren ist, nutzen Sie die „Ich"-Form: „Ich habe die Geschichte wirklich erlebt." Ansonsten kann es auch sinnvoll sein, eine Geschichte zu nutzen, die einem jemand erzählt hat: „Ein Freund hat mir erzählt ..." Bei vertiefenden, Verständnis bringenden Geschichten können diese auch in eine Fabel gepackt werden.

Ach ja: Die „Weihnachtsgeschichte" stammt übrigens aus dem Hause Deuser.

Kürzen

Klären Sie als Erstes, welchen Content Sie wirklich präsentieren müssen. Denn wenn Sie merken, dass Sie schon 60 Minuten für die Fakten brauchen: Wo ist da noch Platz für eine Geschichte, vor allem da Ihr Vortrag sowieso nur für 45 Minuten eingeplant war? Schreiben Sie Ihre Botschaft auf und zwingen Sie sich, alle Zahlen, Fakten auf maximal drei bis fünf Bulletpoints zu kürzen. Kürzen Sie, wo Sie nur können, und kommen Sie auf den Punkt. Und wenn Sie glauben, Sie können nichts mehr kürzen, dann versprechen wir Ihnen, dass Sie locker noch einmal die Hälfte streichen können. Denken Sie immer daran: Es geht nicht darum, möglichst viele Fakten zu präsentieren – die kann man alle nachlesen –, sondern darum, eine starke Botschaft zu etablieren.

Storyfindung

Bei einem klassischen, zielorientierten Vortrag muss Ihnen immer klar sein, was Sie erzählen wollen. Erst dann geht es auf Geschichtensuche, die quasi zur Verpackung der Botschaft wird. Aber genau diese Verpackung macht den Vortrag besonders. Über sie wird eine nachhaltige Verankerung der Botschaft erreicht und vor allem hilft sie Ihnen, dass Sie ins rechte Licht gerückt werden.

Suchen Sie nach persönlichen oder bekannten Geschichten, die Sie mit Ihrem Thema, dem Anlass oder dem Ergebnis verbinden. Wir wissen, dass jetzt einige denken: „Ja, aber deswegen lesen wir doch das Buch." Keine Sorge, damit haben Sie schon die erste Geschichte gefunden – Ihre Angst, dass Sie keine eigene Geschichte finden und was Sie daraufhin alles anstellen. Kreativität hat viel mit Rumspinnen zu tun. Schreiben Sie 20 Stichpunkte, Ideen, Beobachtungen und Themen auf, die Ihnen zu Ihrem Vortrag und/oder der Vorbereitung einfallen. Wie sind Sie auf Ihr Thema gekommen, was haben Sie währenddessen erlebt, beobachtet oder gelesen? Ist etwas in der Welt oder in Ihrer Familie passiert, das Sie mit diesem Thema verbindet? Gibt es berühmte Sprüche, die Sie inspiriert haben? Schreiben Sie alles als kurze Notiz oder Stichpunkt auf. Sie werden schnell merken: Über die Masse landen Sie immer bei ein bis zwei Themen, die Ihnen ins Auge springen.

Niederlagen

„Man lernt aus Niederlagen viel mehr als aus Erfolgen – wenn man sie überlebt." Dieser Satz bringt Storytelling auf den Punkt. Wahrscheinlich werden deshalb Menschen mit ebensolchen Lebensgeschichten gern in Talkshows eingeladen.

Geschichten von Niederlagen, Tiefschlägen oder Herausforderungen und wie man mit ihnen umgegangen oder sie überwunden hat, sind so viel interessanter, als wenn man nur vom Ergebnis oder dem Sieg berichtet. Der (Leidens-)Weg lässt einen menschlich und glaubwürdig erscheinen. Was haben wir daraus gelernt? Wie haben wir es geschafft, uns davon zu erholen, und wie sind wir dadurch bestenfalls erfahrener und stärker geworden? Gerade wenn Sie eine starke Botschaft haben, ein großes Jubiläum feiern oder großartige Leistungen präsentieren, erzählen Sie ruhig davon, wo es im Vorfeld mal schiefging oder wann und wieso Sie das ganze Projekt auch mal infrage gestellt haben.

Schreiben ist nicht Reden

Sie haben jetzt erst Ansätze, die zu Ihrer Botschaft oder Ihrem Thema passen könnten. Jetzt geht es an die Ausarbeitung, und bei der ist das eigentliche Schreiben oft nur ein Bruchteil der Arbeit. Erfahrene Autoren plappern oft die Geschichte vor sich her. Sie merken schnell, wo es spannend wird und was sich ausbauen lässt. (Diese Methode hilft auch, den Text besser auswendig zu lernen.) Wenn Sie jedoch das Gefühl haben, Sie haben das Grundgerüst Ihrer Geschichte und die Brücke zwischen ihr und der Botschaft gefunden, dann kommen Sie um ein Aufschreiben nicht herum (first draft). Wichtig ist, dass Sie die Rede auch so aufschreiben, wie Sie sie erzählen wollen. Die gesprochene Sprache ist immer anders als ein reiner Schrifttext. Vermerken Sie Pausen oder sonstige Besonderheiten, wie Blicke, Charts etc. Falls Ihr Vortrag später abgedruckt werden sollte, sollten Sie ihn diesbezüglich noch einmal überarbeiten.

Kill your darlings

Den wichtigsten Tipp fürs Schreiben haben wir zu Anfang schon einmal genannt: „Rewriting", was nichts anderes ist als ein ständiges Überarbeiten des Textes. Arbeiten Sie viel mit Absätzen, um schon frühzeitig eine Struktur zu erkennen. Überlegen Sie, welche Gedanken ausgebaut werden können und welche Sie eventuell streichen müssen. Nichts fällt einem schwerer, als einen gut ausformulierten Gedanken, einen guten Gag oder eine liebevolle Geschichte zu streichen, wenn man sie erst einmal aufs Papier gebracht hat. Aber „Kill your darlings" ist neben dem „Rewriting" die zweitwichtigste Regel des professionellen Schreibens. Wenn es nicht passt oder den Fluss des Vortrags stört, dann: Weg damit! Glauben Sie uns: Es wird sich immer wieder eine Gelegenheit finden, wo Sie es wieder einbauen können.

Witze gehören an die Bar
Und jetzt noch ein Geheimtipp: Witze gehören an die Bar und nur in den seltensten Fällen auf die Bühne.
Geht ein Deutscher in einen Spielzeugwarenladen und sagt: „Ich hätte gern ein Geduldsspiel. Aber zack zack!"
Wenn Sie diesen kleinen Witz richtig spielen, lachen die Zuhörer fast immer. Er folgt dem Muster, nach dem Sie eine Geschichte erzählen wobei Sie durch Länge auch die Spannung erhöhen können, so wie wenn man eine Feder aufzieht. Wenn die Zuhörer beginnen, über den Ausgang nachzudenken, lassen Sie „die Feder" plötzlich los, und zwar in eine paradoxe oder unerwartete Richtung. So konnten Sie einen Witz platzieren.
Wenn Sie aber die Geschichte vom „Senioren-Memory" erzählen, schmunzeln die Zuhörer und denken: „Wie clever." Sie wollen Menschen zum Lachen bringen! Erzählen Sie wahre Geschichten, diese bleiben haften.

Viersatz – die Story ins Konzept einbauen
Damit die Story nicht allein steht, betten Sie diese in eine (schon erwähnte) Dreisatzform ein. Beispiel: 1. Statement – 2. Begründung – 3 *Story* – 4. Folge.
Als die amerikanische Keynote-Speakerin und bekannte Vorstandsvorsitzende verschiedener Unternehmen

gefragt wurde, ob sie Familie und Beruf in ihrer Position vereinbaren könne, führte sie wie folgt aus:
Statement: „Das geht!"
Begründung: „Wenn man es nicht am gleichen Tag versucht." Dann fügte sie eine Geschichte ein.
Story: „Ich habe an dem Tag eine Einladung ins Weiße Haus erhalten, an dem meine Tochter eine wichtige Schulfeier hatte. Ich habe mich gefragt, wer mich an diesem Tag mehr vermissen würde, der Präsident oder meine Tochter, und mich für meine Tochter entschieden."
Folge: Lösen Sie Ihre inneren Konflikte, priorisieren Sie, dann klappt es.

Schon in „Tausendundeiner Nacht" wurden Inhalte durch Geschichten transportiert. Nutzen Sie „Storytelling"! Eigene Geschichten lassen Sie authentisch erscheinen, solange sie nicht in Selbstdarstellung ausufern. Geschichten anderer, Zitate, Fabeln oder Metaphern unterstützen den Redner ebenfalls.

Witze gehören an die Bar, in einen guten Vortrag gehören Storys, die das Leben schreibt. Lustige, herausfordernde, durchaus auch solche von überstandenen schwierigen Lebenssituationen machen eine Rede, wie das Wort schon sagt, lebendig.

30 MINUTEN

Was kann ich tun, um nicht ständig am Manuskript zu kleben?
Seite 54

Wie kann ich glaubwürdig auftreten, wenn ich schon bei der Probe meine eigene Stimme nicht mag?
Seite 57

Wie behalte ich die Kontrolle über Bühne und Technik?
Seite 60

4. Anfangen ist ein Zeichen von Engagement

Nirgends in der Welt mangelt es an teilnehmenden Seelen, wenn nur einer auftritt, dessen Umstände ihm völlige Freiheit lassen, all seiner Entschlossenheit zu folgen.
Johann Wolfgang von Goethe

Verbreitung und Schreiben ist die eine Aufgabe, jetzt geht es um den zweiten Teil des Vortrags: das Auftreten. Wie gesagt: Ein guter Text ist die Grundlage, aber auch das beste Produkt muss ins rechte Licht gestellt werden, und das ist der Job der „Performance". Es gehört schon einiges an Engagement dazu, sich vor fremde Menschen zu stellen und zu versuchen, sie zu unterhalten oder sogar zu bewegen, etwas zu tun. Machen Sie sich bitte klar, Sie haben die ersten Schritte längst hinter sich gebracht. Denn wer sich entsprechend vorbereitet hat, der hat den Vortrag oder zumindest Teile von ihm schon unzählige Male vor sich her gesagt und ist schon mitten im Übungsprozess.

4.1 Wer übt, gewinnt

Susan Batson, eine große amerikanische Schauspiellehrerin, hat einmal gesagt: „Auftreten ist so einfach: Sei einfach du selbst, steh zu dem, was du machst, und wenn du dir selbst nicht glaubst, was du sagst, lass es sein!" Theoretisch ist das einleuchtend, wenn es da nicht die Praxis gäbe. Man muss sich ja nur einmal überlegen, wie schwer es schon im normalen Leben ist, „man selbst zu sein", dann weiß man auch, wie viel schwerer es ist, diese geforderte Normalität in Stresssituationen wie bei einem Auftritt zu erreichen. Aber glauben Sie uns, Sie sind schon viel weiter, als Sie vielleicht vermuten, und die wichtigsten Grundlagen auf dem Weg zu einer größeren Glaubwürdigkeit sind gelegt. Sie haben nicht nur Ihr Ziel, sondern auch Ihre Mission geklärt und sich mit Ihrer Persönlichkeit auseinandergesetzt. Bis hierher haben wir Sie begleitet, einen Vortrag zu entwickeln, der zu Ihnen passt. Jetzt geht es darum, Ihre Bühnenperformance zu verbessern, und diesbezüglich gibt es einen wichtigen Tipp: üben, üben, üben.

Laut lesen
Der erste Schritt im Übungsprozess: Lesen Sie Ihren Text laut vor. Das klingt zwar erst einmal banal, wir sind aber immer wieder erstaunt, wie häufig wir auf Vortragende treffen, bei denen man sofort erkennt: Die haben den Text noch nicht einmal vorher komplett ge-

lesen. Bitte beginnen Sie mit dem Üben nicht erst am Tag des Vortrags. Wenn allein nur eine Nacht zwischen Probe und Vortrag liegt, werden Sie merken, wie sich der Text in Ihrem Kopf festgesetzt hat. Das Vorlesen hilft nicht nur dabei, die Texte schneller zu lernen, sondern zeigt Ihnen auch schnell, wo die geschriebene Sprache deutlich von der gesprochenen abweicht. Markieren Sie diese Sätze und ersetzen Sie sie durch „gesprochene Sätze", d. h. durch lebendige Sprache.

Freie Rede oder: Wie lerne ich Texte?

Den meisten Lesern erzählen wir nichts Neues, wenn wir erklären: Je freier Sie agieren, umso mehr Möglichkeiten haben Sie, den Vortrag zu gestalten und auf Situationen und Publikum einzugehen. Die Frage ist nur: Wie schaffen Sie es, sich von Ihrem Skript zu lösen? Sie könnten beispielsweise unterschiedliche Formen von [Mnemo- oder Gedächtnistechniken]() einsetzen oder üben, üben, üben.

Erinnern Sie sich an das, was Sie in den letzten Kapiteln erarbeitet haben? Konzentrieren Sie sich auf die Schlüsselbotschaft, überlegen Sie, was Sie sagen wollen, legen Sie das Skript zur Seite und reden Sie drauflos. Sie merken schnell, dass Sie sich an alle wirklich wichtigen Aussagen erinnern können, nur mit der richtigen Reihenfolge ist das so eine Sache. Schreiben Sie als Nächstes die geplante Reihenfolge in einer Stichwortliste auf, die maximal eine Seite lang ist. (Am Rednerpult eine DIN-A5-, in der Hand eine DIN-A6-Karte). Nehmen Sie die Stichwortliste nicht in die Hand, sondern legen Sie sie an einen gesonderten Platz, und gehen Sie den Vortrag noch einmal durch.

> **Toolbox: Eine kleine Gedächtnistechnik oder wie ich die Gliederung behalte**
> Unsere kleine Gedächtnistechnik hilft, sich Rangfolgen, Inhalte oder Listen zu merken. Meist werden dabei sachliche Inhalte und bildhafte Assoziationen verknüpft. Man spricht davon, beide Hirnhälften, also die fürs Denken und die fürs Fühlen, zu aktivieren.
> Stellen Sie sich vor, Sie möchten gleich einkaufen gehen und die in Abbildung 10 genannten neun Dinge besorgen. Prägen Sie sich zunächst für die Zahlen 1 bis 9 die jeweils dort gezeigten Bilder ein, in denen die Zahlen mit etwas Kreativität gut zu erkennen sind. 
>
> | | | | | |
> |---|---|---|---|---|
> | 1 Stift | Zeitung | | 6 Schnecke | Kopfsalat |
> | 2 Schwan | Kiste Wasser | | 7 Fahne | Kontoauszüge |
> | 3 Busen | Tomaten | | 8 Sanduhr | Zucker |
> | 4 Stuhl | Hemd | | 9 Golfschläger | Eier |
> | 5 Schlange | Brille abholen | | | |
>
> *Abb. 10: Symbole für ein einfaches Gedächtnistraining*
>
> Nun gestalten Sie aus Zahlenbild und Einkaufsgegenstand ein lebendiges, farbiges, im buchstäblichen Sinne merk-würdiges Gesamtbild, z. B. der Stift, mit dem die Zeitung geschrieben wird, oder der Schwan, der auf dem Wasser schwimmt. Eine Stunde

> später und einmal am nächsten Tag sagen Sie sich bitte auf, was Sie besorgen wollten. Alternativ können Sie sich auch einmal die ersten neun Nachrichten der *Tagesschau* oder der *heute*-Sendung in ihrer Reihenfolge merken und morgen wiederholen. Das trainiert.

Trainieren Sie Ihr Gedächtnis und schon bald sind Sie auch in der Lage, sich die wichtigsten neun Punkte Ihres Vortrags zu merken. Keine Sorge, das Gehirn speichert jede Liste im eigenen Kontext ab, sodass Sie nicht bei der Geburtstagsrede die Nachrichten aufsagen werden.

Ton- und Videomitschnitte

Egal ob Sie Ihren Vortrag vorlesen oder schon frei vortragen, schneiden Sie jeden Versuch mit einem Aufnahmegerät oder Smartphone mit. Das Abhören kostet oft Überwindung, aber es hilft. Man hört schnell, wo es hakt. Achten Sie beim Abhören auf die Momente, in denen Sie entweder selbst innerlich abschalten oder vergessen, auf Aussprache oder kleine Versprecher zu achten. Wenn *Sie* nicht zuhören, werden die *Zuhörer* auch nicht zuhören. Wenn *Sie* gefesselt sind, dann sind es die anderen auch. Und wenn Sie richtig mutig sind, dann zeichnen Sie den Vortrag als Video auf. Keine Sorge: Auch Profis tun sich schwer, ihre Auftritte anzusehen, aber nichts hilft einem mehr. Achten Sie auf die Momente, in denen Sie sich beim Zusehen entspannen. Das werden am Anfang vermutlich noch nicht viele sein, aber wenn Sie nur *einen* solchen Moment erkennen, dann wissen Sie, dass Sie auf dem richtigen Weg sind. Fragen Sie sich: Was war das Besondere an diesem Moment? Habe ich einfach mal losgelassen und so geredet, wie ich mich gefühlt habe? Hatte ich besonders viel Spaß oder war ich überzeugt von dem, was ich gesagt habe?

Jeder Videomitschnitt ist nicht nur eine Übung des aktuellen Vortrags, sondern immer auch eine Investition in zukünftige Vorträge.

Motivation

Fragen Sie sich immer wieder: Wie sehr stehe ich hinter meinem Vortrag? Glaube ich selbst an das, was ich sage? Wenn ja, dann müssen Sie es nur sagen und es wird einfach! Wenn nein, dann überdenken Sie noch einmal Ziel und Mission und gegebenenfalls müssen Sie Teile überarbeiten. Erst der Inhalt, dann die Show: Uns ist es lieber, jemand redet die ganze Zeit über monoton, steht aber zu seinem Vortrag, als wenn rhetorisch hervorragend Banalitäten von sich gibt.

Lockerheit

Stellen Sie sich vor, wie Sie den Vortrag und vor allem die persönlichen Geschichten des Vortrags Ihren besten Freunden oder Freundinnen erzählen würden. Stellen Sie sich vor, wie Sie z. B. mit diesen Personen am Küchentisch stehen, und legen Sie dann noch einmal los. Sie werden merken, wie Ihr Auftritt sofort entspannter und „echter" wird.

Körperhaltung und Spaß

Mit Sicherheit haben Sie schon andere Bücher gelesen, die Ihnen erklärt haben, wie Sie durch Lächeln, Atmung und Körperhaltung Ihre Stimmung aufhellen können. Versuchen Sie, das auf die Probe zu übertragen. Stellen Sie sich auf, atmen Sie dreimal tief durch, lächeln Sie und starten Sie einen weiteren Versuch. Mit Sicherheit wird Ihre Stimme lauter werden und Sie werden sich wohler und selbstsicherer fühlen. Versuchen Sie, schon an der Probe Spaß zu haben. Betrachten Sie sie nicht als Zwang, sondern als Abenteuer. Jeder Versprecher in der Probe ist ein Geschenk, denn er kann Sie im Vortrag nicht mehr rausbringen.

Coach und Regie

Eine besondere Tiefe birgt die Arbeit mit einem Coach oder Regisseur. Neben den praktischen Hilfen ist es vor allem der Druck, den Vortrag rechtzeitig fertigzustellen, und das persönliche Vorspielen, das Sie erheblich weiterbringt. Hören Sie sich an, was die Personen zu sagen haben. Wenn Sie mit dem Feedback nicht zufrieden sind, schlafen Sie eine Nacht drüber. Außenstehende haben nicht immer die richtigen Antworten, aber zumindest sehen sie fast immer, wo es hakt.

Üben und Proben des Vortrags sind essenziell für den Erfolg. Vorlesen schafft die nötige Vertrautheit mit den eigenen Worten und schafft so mehr Zeit, sich mit sich selbst und der Umgebung zu be-

schäftigen. Das spätere Üben mit Ton- und Videoaufzeichnung ist der nächste Schritt zu mehr Glaubwürdigkeit. So schwer es auch ist, sich selbst anzuhören oder zu beobachten, nichts deckt Macken und „unechte" Momente mehr auf. Trauen Sie sich, frei zu reden. Je früher Sie vom Skript weggehen und maximal mit einer Stichwortliste arbeiten, umso eher lernen Sie auch den Text. Und das Allerwichtigste: Verlieren Sie nie Ihren Spaß.

4.2 Wer früh kommt, gewinnt noch mehr

So wichtig Proben auch sind, letztendlich sind auch sie nur eine weitere Hilfe auf dem Weg zu einem erfolgreichen Vortrag. Jeder weiß, wie viel entspannter man ist, wenn man vorbereitet in einen Job oder in ein Projekt geht.
Der nächste Schritt ist daher die mentale und technische Vorbereitung des Vortrags. Von der mentalen Vorbereitung hat mit Sicherheit jeder schon einmal gehört und auch wir werden einen Überblick liefern. Die technische Vorbereitung fällt dagegen sehr oft unter den Tisch. Erstaunlich, wenn man sich erinnert, wie viele Vorträge schwächeln, weil die Technik nicht funktioniert, jemand den Aufgang nicht findet oder mehr mit seinem Mikrofon beschäftigt ist als mit den Zuschauern. Daher starten wir mit einem kurzen praxisorientierten Überblick.

Soundcheck ist mehr als eine Probe

Jeder, der schon einmal einen Vortrag gehalten hat, hat vermutlich auch schon einmal gehört: „Brauchen Sie einen Soundcheck?" Oder: „Sie müssten bitte vorher einmal zum Techniker gehen." Sobald Sie das hören, wissen Sie zumindest, dass sich jemand theoretisch um die Technik kümmert, und wir können Ihnen nur den Tipp geben: Nutzen Sie den Soundcheck, denn ein guter Soundcheck ist mehr als nur eine Probe. Er gibt Ihnen die Gelegenheit, sich nicht nur mit dem Ton, sondern auch mit der Bühne, den Aufgängen, dem Licht, sonstigen Technikfragen und dem Raum vertraut zu machen.

Welches Mikrofon

Die erste Frage, die sich stellt, lautet: „Mit oder ohne Mikrofon (Mic), und wenn mit, dann mit welchem?" Wenn es ein kleiner Raum ist, mit einer kleinen Gruppe von zehn bis 25 Personen, dann geht es fast immer ohne Mic. Schon darüber kann es knifflig werden. „Ohne Mic" macht allen das Leben leichter, denn man muss weder einen Gegenstand festhalten oder anstecken noch mit einem Techniker kommunizieren. Sobald man mit einem Mic arbeitet, sollte man zumindest die wesentlichen Unterschiede kennen.

Pult-Mics sind Richtmikrofone, die sehr empfindlich sind. Sie müssen zum Mund hin ausgerichtet sein, aber Sie müssen sich nicht zu ihnen runterbeugen. Hand-Mics müssen in der Regel nah an den Mund gehalten werden. Ziel sollte es sein, immer leichten Kontakt mit dem Kinn zu halten. Hand-Mics haben den großen Vorteil, dass man sie auch mal weglegen oder schnell Interviews führen kann. Ein weiterer Vorteil ist: Sie müssen sich weniger Gedanken machen, was Sie mit Ihren Händen tun. Headsets sind empfindlicher und benötigen immer einen Techniker und meistens einen Soundcheck. Sie haben den Vorteil, dass man die Hände frei hat und leichter mit Karten, Texten oder technischen Hilfsmitteln operieren kann. Anstecker sind die schwierigsten Mics. Sie fallen zwar am wenigsten auf, aber Ihre Stimme klingt erheblich schwächer und dünner. Den schönsten Ton haben Sie immer mit einem Hand-Mic.

Ton

Oft steht man auf der Bühne und erklärt dem Techniker, dass der Ton schlecht sei. Daraufhin erwidert der Techniker: „Stimmt nicht, Ton ist top." Was oft zu langen, unnötigen Diskussionen führt. Der Grund ist eigentlich einfach: Es gibt zwei Tonlinien mit unterschiedlichen Lautsprecheranlagen. Erstens der Saalton, also das, was die Zuschauer hören und worum sich der Techniker vorrangig kümmert. Und zweitens der Ton der Monitore (kleine Boxen, die in der Regel vor Ihnen auf der Bühne stehen), also der Ton, den Sie auf der Bühne hören. Leider klingen beide häufig sehr unterschiedlich, was sich aus der Platzierung der Boxen ergibt. Wichtig ist, dass Sie schon einmal von dem Unterschied gehört haben. Fragen Sie, wenn Sie sich schlecht hören, nach einem besseren Monitorsound. Sie werden merken, dass die Techniker Sie sofort mit mehr Respekt anschauen. Außerdem müssen Sie wissen, dass gerade in größeren Sälen die Akustik unterschiedlich klingt, je nachdem ob die Säle leer oder voll besetzt sind.

Licht
Das Licht ist auch ein ständiger Diskussionspunkt. Fragen Sie beim Soundcheck immer auch nach der Lichteinstellung. Wie oft ist man später beim Auftritt erstaunt, dass man plötzlich so geblendet wird, dass man niemanden mehr sieht. Wenn Sie dies erst beim Auftritt merken, bleibt Ihnen nichts anderes mehr übrig, als cool zu bleiben und sich zu zwingen, hin und wieder durchs Licht in die hinteren Bereiche zu schauen. Die Zuschauer verstehen es nicht, wenn Sie sagen: „Ich kann Sie nicht sehen." Denn *die* sehen Sie sehr deutlich! Wenn es Ihnen wichtig ist, die Zuschauer zu sehen, dann klären Sie dies bitte während der Probe. Techniker suchen immer das „schönste Licht", d. h., die Bühne soll gut aussehen. Sie aber brauchen das „perfekte" Licht, was häufig ein Kompromiss aus „schönem" Licht und einer Ausleuchtung ist, die es Ihnen ermöglicht, die Zuschauer zu erkennen. Wenn Sie Zuschauer sehen wollen oder sogar müssen, klären Sie dies bitte im Vorfeld.

Bühnenpositionierung
Jede Bühne hat einen Sweetspot, eine Position, wo man die Bühne am besten ausfüllt bzw. wo man am besten

aussieht. Leider erkennt man diesen Bereich nur, wenn man sich einmal in den Zuschauerraum stellt und die ausgeleuchtete Bühne von dort aus betrachtet. Die Grundregel lautet: sich nie zu weit nach vorn und nie genau hinten ans Bühnenende stellen. Gerade wenn zwischen Bühne und der ersten Zuschauerreihe ein größerer Abstand ist, tendieren viele Redner/-innen dazu, sich direkt vorn an die Bühnenkante zu stellen, um möglichst nah an den Zuschauern zu sein. Das ist zwar löblich, sieht aber meistens nicht gut aus. Wenn man die Chance hat, sollte man den optimalen Bereich markieren oder sich Abstände zu Gegenständen wie Blumen, Monitorboxen, Stehtisch etc. merken.

Technische Gadgets
Wenn Sie mit technischen Gadgets wie Clickern, Pointern oder eigenen Rechnern arbeiten, proben Sie damit und checken Sie immer Akku und Batterien.

Aufgang
Ein weiteres oft übersehenes Thema: der Aufgang. Ein Auftritt beginnt immer mit dem Aufgang (first impression). Klären Sie, wo Sie sitzen oder sich aufhalten und wie Sie auf die Bühne kommen. Es kann nicht sein, dass Sie als Erstes zur falschen Seite gehen, eine Treppe hochstolpern oder zu lange brauchen, bis Sie am Auftrittsort angekommen sind.

Mit dem Auftritt beginnt das nächste Kapitel – jetzt kommt das Publikum dazu. Deshalb schnell noch einmal die nachfolgende Checkliste durchschauen und prüfen, ob nichts vergessen wurde.

Soundcheck	Licht und Bühne
• Saalton • Monitorton	• Positionierung • Puplikumssicht
Mikrofone	**Technische Gadgets**
• Hand-Mikro • Pult-Mikro • Headset • Anstecker	• Maus • Clicker • Pointer • Eigener Rechner

Abb. 11: Checkliste Auftritt

Die technische Vorbereitung ist Teil eines professionellen Vortrags. Checken Sie im Vorfeld nicht nur den Ton, sondern auch Ihre Bühnenpositionierung, das Licht, sonstige technische Fragen und Ihren Aufgang. Es sind oft Kleinigkeiten, die einen später beim Vortrag nervös machen. Legen Sie sich im Vorfeld eine Checkliste an und gehen Sie diese insbesondere in der Anfangszeit Stück für Stück durch.

30 MINUTEN

Was kann ich tun, damit Moderatoren mich auf interessante Art und Weise ankündigen?

Seite 68

Wie wichtig ist der erste Eindruck und wie komme ich dazu ungeschoren auf die Bühne?

Seite 70

Wenn mir die Zeit davonläuft und ich noch so viel zu sagen hätte: Wie finde ich das Ende?

Seite 74

5. Vom Vortrag zum Hit: Die Begegnung mit dem Publikum

*Bei einem guten Redner fangen die Zuhörer an,
mit den Ohren zu sehen.*
Persisches Sprichwort

Mit Sicherheit haben Sie schon einige Vorträge miterleben können. Viele waren okay, einige wahrscheinlich sogar gut, aber manchmal vergisst man die Zeit und fühlt sich trotz aller Information und Zahlen bestens unterhalten und sogar bewegt. Aus der Sicht der Vortragenden können wir nur sagen: Es gibt nicht viele Momente im Leben, die dieses Gefühl toppen. Es macht einfach Spaß, zu erkennen, wie man Menschen mit auf eine Reise nehmen kann, sie aufrüttelt und merkt, dass man sie exakt dahin führt, wo man sie haben möchte.

5.1 Es geht immer um den Anfang

„There is no second chance for a first impression." Stimmt, es geht immer um den Anfang. Hier wird das Fundament gelegt, auf dem der Grad der Aufmerksamkeit, der Begeisterung und des späteren Erfolgs aufbaut. Je größer dieses Fundament ist, umso höher kann es später hinaufgehen. Aber wann genau beginnt der Vortrag? Beginnt er, wenn man alle begrüßt hat und ins eigentliche Thema einsteigt, oder ist es der erste Satz, der den Startschuss darstellt? Die Erfahrung zeigt, dass ein guter Vortrag sogar schon früher beginnt, und zwar mit der Ankündigung.

Die Ankündigung
Was bringt der tollste Vortrag, wenn mir keiner zuhört? Da hat man sich so intensiv vorbereitet und plötzlich wird man entweder lieblos oder möglicherweise gar nicht angekündigt. Man spürt, wie die ganze Selbstsicherheit, die man sich mühselig aufgebaut hat, sich sofort wieder verabschiedet. Oft hört man Aussagen wie: „Fangen Sie einfach mal an. Die werden Ihnen schon zuhören." Einen Raum, einen Saal oder eine Gruppe Menschen zur Ruhe zu bringen, ist ein anderer Job, als sie zu informieren oder zu unterhalten. Bei kleinen Veranstaltungen reicht oft ein Schlag ans Weinglas, aber selbst wenn dies von einer anderen Person getätigt wird und diese Person nur kurz erklärt, dass jemand jetzt ein paar Worte sagen möchte,

werden Sie es schon viel leichter haben. Wenn Sie irgendeine Chance sehen, dass Sie von jemandem angekündigt werden, sollten Sie diese sofort ergreifen. Dessen Aufgabe ist es, für Ruhe zu sorgen und Sie ins rechte Licht zu stellen. Es geht erst einmal überhaupt nicht darum, *was* diese Person sagt, sondern *dass* sie etwas sagt. Wenn Sie diese Chance sehen, besprechen Sie bitte, wie Sie angekündigt werden wollen. Auch wenn Ihnen das womöglich etwas peinlich vorkommt, denken Sie bitte daran: Hier wird die Grundlage für die Aufmerksamkeit und die Glaubwürdigkeit Ihrer Botschaft gelegt. Achten Sie darauf, dass Sie genau klären, wie Ihr Name ausgesprochen wird, welcher Ihrer Titel, Funktionen oder Aufgaben angesprochen werden soll und ob Ihr Thema oder der Titel des Vortrags genannt werden soll. Optimal ist es, wenn Sie selbst zwei bis drei Sätze vorformulieren.

Falls Sie sich dennoch selbst ankündigen müssen, geben Sie den Zuhörern etwas Zeit, um sich zu sammeln. Räuspern Sie sich oder hüsteln Sie einmal diskret, lächeln Sie ins Publikum, sprechen Sie ruhig und entspannt einzelne Personen (insbesondere in der ersten Reihe) an und strahlen Sie Ruhe aus. Das ist mit Sicherheit nicht immer einfach, aber nur über Ruhe und Selbstsicherheit bekommen Sie die gewünschte Aufmerksamkeit. Danken Sie dann kurz, z. B.: „Wunderbar, offensichtlich sitzen jetzt alle, das ist doch nett", und beginnen Sie mit der Begrüßung.

> **Tipp**
> Es ist immer hilfreich, wenn man selbst eine Anmoderation schreibt. Optimal sind zwei bis drei Sätze: Name, Titel, Unternehmen, Funktion, besondere Infos und Titel des Vortrags. Legen Sie diese Datei einmal an. Schicken Sie den Text gegebenenfalls zusammen mit Ihren Unterlagen raus und drucken Sie ihn auf einer Karteikarte aus, sodass Sie diese Karte vor Ort weitergeben können, wenn nötig.

Der Aufgang

In der Regel steht vor der Begrüßung noch der Aufgang. Und auch der Aufgang bietet mehr Chancen und Fallgruben, als man gemeinhin annimmt. Falls Sie aus dem Backstage auf eine Bühne kommen, ist es wichtig, dass Sie den Weg kennen und die Ankündigung auch hören können. Der Fehler wird stets Ihnen zugeschrieben, wenn man Sie ansagt und Sie nicht kommen. Achten Sie bitte schon beim Soundcheck darauf, ob Sie an Ihrer Position die Ansage verstehen können. Falls Sie zu diesem Zeitpunkt schon merken, dass es schwierig wird, klären Sie das mit der Technik oder organisieren Sie jemanden, der Ihnen während der Ansage ein deutliches Zeichen gibt.

Der Gang aus dem Publikum heraus ist hingegen viel komplexer, als man glaubt. Komme ich von hinten durch den ganzen Saal oder sitze ich in der ersten Reihe? Falls Sie im Publikum sitzen, sollte Ihnen klar sein, dass man Sie schon vorher genau beobachten kann. Spätestens jedoch, wenn Sie aufstehen, stehen Sie im

Fokus. Auch wenn Sie schnell an Ihren Auftrittsort gelangen wollen und dafür möglicherweise durch den ganzen Saal gehen müssen, hetzen Sie nicht. Der Gang ist immer eine Chance, Kontakt mit dem Publikum aufzunehmen und zu überprüfen, ob es auch das Publikum ist, das Sie sich vorgestellt haben. Schauen Sie die Leute an. Nicken Sie ihnen zu. Wenn eine Hostess, ein Moderator oder der Gastgeber bzw. die Gastgeberin Sie beim Aufgang begrüßt, nehmen Sie sich Zeit, die Hand zu schütteln, oder grüßen Sie zumindest zurück. Meistens ist man so mit sich beschäftigt, dass man alle anderen übersieht. Was für Sie selbst Fokussierung ist, erscheint den Zuschauern schnell als unhöflich. Ruhe und Freundlichkeit – nichts wirkt souveräner und sympathischer.

Begrüßung & Selbstvorstellung

Stellen Sie sich vor, Sie sind Gastgeber oder Gastgeberin Ihres eigenen Festes. Wie würden Sie dort vorgehen? Dort würden Sie erst einmal „Hallo" und etwas Persönliches sagen, und dies würden Sie mit Sicherheit nie ablesen. Hin und wieder setzt man einen Aufrüttler oder eine humorvolle Provokation vor das „Hallo", aber wenn man so etwas plant, sollte man sich hundertprozentig sicher sein, dass es funktioniert. Ansonsten sollte man immer mit einem kurzen und ehrlichen „Hallo", „Schön, dass Sie …" oder „Herzlich willkommen" beginnen. Wenn Sie jemand angekündigt hat, danken Sie der Person. Wenn Sie nicht Gastgeber, sondern eingeladen sind, vergessen Sie nicht, auch dafür zu danken: „Meine

Damen und Herren, liebe Kollegen/-innen, bevor wir starten, noch einmal herzlichen Dank an ... für die Einführung/Ankündigung." Wenn Sie dann eine kleine Pause aushalten, werden Sie Applaus hören, und wenn Sie den hören, wird alles Weitere viel leichter werden. Als Nächstes sollten Sie klären, ob Sie sich noch einmal kurz vorstellen müssen. Wer sind Sie, weshalb stehen Sie hier und was ist Ihr Thema? „Damit Sie wissen, mit wem Sie es zu tun haben: Mein Name ist Prof. Schmidt, ich bin Professor für Kommunikationswissenschaften. Unser Thema heute lautet: Es ist toll, dass Menschen immer älter werden, aber müssen es alle sein?"

Sie sollten immer Ihre eigene Vorstellung vorbereiten, jedoch auch sofort bereit sein, sie wegzulassen oder zu kürzen, wenn dies in der Ankündigung bereits vorweggenommen worden ist. (Hören Sie bei Ihrer Ankündigung immer genau hin!) Falls Sie falsch angekündigt worden sind, versuchen Sie, es richtigzustellen, ohne die andere Person auflaufen zu lassen. Auch wenn Sie sich ärgern sollten, bleiben Sie freundlich und zeigen Sie Größe. Die Begrüßung sollte *immer* frei vorgetragen werden, auch wenn Sie planen, den weiteren Vortrag vom Manuskript abzulesen.

Persönlicher Einstieg

Wie steige ich ein? Hemingway hat einmal gesagt: „Du brauchst *einen* wahren Satz, um einen großen Roman zu schreiben." So ähnlich ist es mit Anfängen. Hier wird aus einem guten Vortrag ein großer und maßgeschnei-

derter Vortrag. Hilfreich ist es, wenn Sie etwas Persönliches über die Zuschauer sagen oder etwas über den Raum, die Stadt, das Wetter oder den Tag (Feiertag oder Sportereignis) ansprechen, um so von Anfang an zu zeigen, dass dieser Vortrag in dieser Art nur heute stattfindet. Man könnte den persönlichen Einstieg auch als Warm-up beschreiben. Hier geht es darum, Nähe aufzubauen und sich selber als Mensch (und nicht als Spezialist) zu präsentieren. Stellen Sie sich zum Beispiel vor, Sie würden selbst im Publikum sitzen: Was interessiert oder bewegt Sie gerade?
Ein guter Einstieg hat natürlich sehr viel mit Erfahrung zu tun, legen Sie deshalb gerade in der Anfangszeit großen Wert auf diesen Bereich und verstehen Sie jeden Vortrag auch als ein Invest in Ihre noch folgenden Vorträge.

Nichts ist wichtiger als der richtige Anfang, denn hier wird die Grundlage für die Aufmerksamkeit und Ihre spätere Akzeptanz gelegt. Hier geht es vorrangig um Sie als Mensch und nicht um Sie als Spezialist oder Spezialistin. Wichtig ist, dass Sie verstehen, dass ein Vortrag nicht mit dem ersten Wort, sondern mit der Ankündigung und dem Aufgang startet. Die vier Schritte, die Sie sich merken sollten, lauten: Ankündigung, Aufgang, Begrüßung und persönlicher Einstieg (und wie immer „Ruhe" und „Lächeln").

5.2 Timing ist alles

Wie erklärt man auf wenigen Seiten, wie man seine Bühnenperformance in kürzester Zeit verbessern kann? Sie merken, auch wir stehen immer wieder vor der Frage nach dem richtigen Timing! Timing ist mehr als nur die Fähigkeit, eine Pointe richtig zu setzen. Timing ist letztendlich die Frage nach dem perfekten Zeitmanagement auf der Bühne. Es ist eine Mischung aus Zuhören, Beobachten, Erfahrung und dem Mut, auch mal eine Pause auszuhalten. Und genau das ist überhaupt das Schwierigste auf einer Bühne.

Zeitgefühl

Man empfindet Zeit auf der Bühne anders als im Zuschauerbereich. Einerseits wird bei Ihnen als Vortragendem jede Menge Adrenalin durch den Körper gespült, andererseits kennen Sie Ihren Vortrag (bestenfalls) in- und auswendig. Was die Gefahr birgt, dass Sie die Zuschauer überfordern. Geben Sie ihnen eine Chance, erst einmal Zahlen, Fakten oder Informationen aufzunehmen und mit dem eigenen Werte- oder Wissenskatalog abzugleichen. Niemand möchte überrannt werden. Geben Sie ihnen genügend Zeit, Ihre Argumentation aufzugreifen und selbst eine Entscheidung zu treffen. Aber genauso wichtig ist es, die Zuhörer nicht zu langweilen. Daher sollten Sie lernen, auf den Saal zu hören (einzelne Gesichter können Ihnen einen falschen Schluss liefern.) Hören Sie, ob der Saal ruhig wird oder ob er langsam wieder lauter wird. Wird plötzlich mehr gehüstelt oder verlassen sogar Personen den Saal? Überlegen Sie, wo Sie eine Uhr hinlegen oder wie Sie Ihre eigene ablesen können, ohne dass es auffällt.

Aushalten

Wenn Sie bei Profis punkten wollen, dann erklären Sie, wie wichtig „Aushalten" auf der Bühne ist. Sie gehören sofort zu dem Kreis der Experten. Pausen zu setzen und auszuhalten ist extrem schwierig, weil man immer das Gefühl hat, dass man ununterbrochen liefern und unterhalten muss. Wenn Sie zum Beispiel Zuschauern eine Frage stellen, verstehen Sie, dass diese nicht nur Zeit brauchen, um eine Antwort zu formulieren; sie müssen sich auch trauen, diese auszusprechen. Überrennen Sie die Zuhörer nicht. Pausen zeigen, dass gerade etwas Entscheidendes passiert. Insbesondere bei humorvollen Einlagen sind Pausen unumgänglich. Wenn die Pause nur lang genug ist, lachen die Zuhörer von allein, da sie so oft von selbst auf die Pointe kommen.

Aber Pausen sind nicht nur für die Informationsvermittlung wichtig, sie zeigen auch, dass Sie alles unter Kontrolle haben und entspannt an Ihrem Platz stehen.

Abwechslung (Inszenierung)

So wichtig Pausen und Ruhe sind, Sie müssen auch lernen, wann Sie das Tempo wieder anziehen sollten. Gerade bei Live-Vorträgen sollten Sie beim Thema Timing auf zwei Dinge achten: das Timing der einzelnen Geschichten, Gags und Storys und das Timing der gesamten Performance. Man kann jeden Part für sich perfekt vortragen, aber unter Umständen wird die Gesamtperformance langweilig. Manchmal muss man perfekte Parts opfern, um die Gesamtlänge im Griff zu halten. An anderen Punkten sollte man das Tempo anziehen, um Zuschauer wieder zu überraschen.

Dieser Erfahrungswert wird auch durch Studien der Neurologie gestützt, die erkannt haben, dass alle zweieinhalb Minuten ein neuer und andersartiger Impuls gesetzt werden soll, um permanente Aufmerksamkeit zu halten.

Längen

Schon beim Thema Schreiben haben wir klar gesagt: „Weniger ist mehr." Konzentrieren Sie sich auf das Wesentliche und bringen Sie Ihre Themen auf den Punkt. So ist es auch auf der Bühne. Das Ziel sollte immer sein, die vorgegebene Zeit zu unterbieten. Sie sollten Ihre Zuhörer immer hungrig nach Hause gehen lassen. Der beste Kommentar, den Sie hören könnten, ist: „Das ging aber schnell, wir hätten gerne noch mehr von Ihnen gehört." Besser geht es nicht. Achten Sie im Vorfeld aber auch darauf, dass Sie Ihre Zeit nicht zu kurz planen: Auch wenn Sie auf „den Punkt kommen sollen", so dürfen Sie nie in Hektik geraten.

Outro – der Schluss

Beim Schreiben des Vortrags kam diesem Part schon eine ganz besondere Bedeutung zu, denn neben der Zu-

sammenfassung können Sie hier noch eine zweite große Botschaft setzen. Aber das Outro muss sich deutlich in der Länge vom Rest des Vortrags absetzen. Gerade beim Outro sollten Sie neben den Themen „Ruhe und Sympathie" vor allem an das Thema „Sack zumachen" denken. Kommen Sie auf den Punkt, und wenn Sie sich verabschiedet haben, dann müssen Sie auch gehen.
Überlegen Sie genau, ob und wem Sie danken müssen und ob das wirklich nötig ist. So nett es oft gemeint ist, häufig geraten Danksagungen viel zu lang und verwässern Ihren Vortrag. Viel besser ist es, Danksagungen in den Anfang einzubauen.

Wie übe ich Timing?
Timing ist die Königsdisziplin der Bühne. Da sie aber häufig intuitiv eingesetzt wird und vertraute Verhaltensmuster oft nur schwer zu verändern sind, ist es wichtig, ein rationales Verständnis aufzubauen, um es dann anhand von möglichst vielen Proben und Aufzeichnungen Stück für Stück zu verbessern.

- Erster Schritt ist, ein Gefühl für Ruhe und Pausen zu entwickeln. Konzentrieren Sie sich zuerst nur auf einzelne Passagen Ihres Vortrags, insbesondere Anfang und Ende. Das Ziel ist es, zu lernen, wann und wie man Pausen aushält.
- Versuchen Sie, Ihre Vorträge so oft wie möglich aufzuzeichnen, um zu erkennen, wo es nicht stimmt.
- Beobachten Sie Timing-Weltmeister wie Mario Barth, Harald Schmidt oder Dieter Nuhr. Gerade Die-

ter Nuhr wartet oft extrem lang, bis den Zuschauern nichts anderes übrig bleibt, als zu lachen.
- Im zweiten Schritt geht es um die Gesamtinszenierung. Auch wenn Sie bei einzelnen Passagen ein perfektes Timing erreicht haben, so müssen Sie lernen, wann Sie das Tempo anziehen und wieder drosseln. Die Magie Ihres Vortrages bleibt so erhalten.
- Auch wenn wir fest davon überzeugt sind, dass Witze nicht auf die Bühne gehören, sondern an die Bar, so sind sie dennoch das perfekte Übungsmaterial für Ihr Timing. Suchen Sie sich drei bis vier Lieblingswitze aus und üben Sie diese. Achten Sie darauf, dass es clevere und „saubere" Witze sind (auch im Privaten sollten Sie auf Ihr Image achten.) Experimentieren Sie mit Pausen und unterschiedlichen Tempi. Sie werden merken, dass oft Kleinigkeiten zu einem Lacher führen, und wie viel besser ein Witz beim zehnten Mal ankommt als beim ersten oder zweiten Mal (außer, Sie erzählen ihn immer denselben Personen.)

Applaus

Auch oder sogar besonders der Schlusssatz ist etwas, das Sie nicht dem Zufall überlassen sollten. „Ich danke Ihnen für Ihre Aufmerksamkeit" entspricht wohl kaum einem mitreißenden Feuerwerk. Überlegen Sie sich Ihre letzten Worte und haben Sie den Mut, damit auch aufzuhören. Unsicherheit erzeugt Sprechenergie; sie ist der größte Feind der Sprechstrategie.

Und dann genießen Sie den Applaus und gehen Sie nicht zu früh, das könnte als Desinteresse gedeutet werden. Bleiben Sie aber auch nicht zu lange, bis der letzte einsame Klatscher verhallt. Auf dem Höhepunkt abtreten gilt auch hier.

Wenn Sie danach noch mit Einzelnen ins Gespräch kommen, nehmen Sie positives Feedback ruhig an. Zerstören Sie nicht das positive Gefühl der Zuhörer mit Ihrer Selbstkritik. Halten Sie keinen weiteren Vortrag. Genießen Sie stattdessen den Moment!

Der Anfang Ihres Vortrags und ein Gefühl für Timing sind die beiden wichtigsten Zutaten, um einen guten Vortrag in einen Hit zu verwandeln. Gerade in den vier Anfangssequenzen (Ankündigung, Aufgang, Begrüßung, persönlicher Einstieg) kann man die nötige emotionale Bindung mit dem Publikum aufbauen und so aus einem „normalen" Vortrag einen maßgeschneiderten machen. Timing ist die Königsdisziplin aller großen Vortragskünstler. Die größte Herausforderung ist, dass man Zeit auf der Bühne anders wahrnimmt als im Zuschauerraum. Ein weiteres Merkmal eines gelungenen Vortrags ist Ruhe. Aber bei aller Ruhe muss man auch den „Sack zumachen". Man muss spüren, wann man den Zuschauern Zeit lässt und wann man Gas geben muss. Die gute Nachricht: Timing ist erlernbar!

30 MINUTEN

Wie gehe ich mit Angst, Sorgen und Lampenfieber um?
Seite 82

Woher erhalte ich Selbstsicherheit?
Seite 84

Was tun, wenn dann doch einmal der Faden reißt?
Seite 86

6. Der Auftritt braucht Mut

Vertrauen ist die leiseste Form des Mutes.
Quelle unbekannt

Am Ende unserer Reise folgt der Auftritt. Mit großem Vertrauen in sich selbst und unabhängig von Angst, Sorgen und Lampenfieber treten Sie vor die Zuhörer. Und dann der erste Satz: „Meine Damen und Herren, entschuldigen Sie mein unvorbereitetes Auftreten, die Organisatoren haben mal wieder nichts richtig gemacht, und bei dem schlechten Wetter vergeht nicht nur Ihnen die Lust am Leben."

Vertrauen Sie der eigenen Souveränität und Sympathie, statt mit Entschuldigungen, Schuldzuweisungen und Jammern zu beginnen. Nur so geht es!

6.1 Guten Morgen, liebe Sorgen

„Wenn wir uns dafür entscheiden, die Arbeit (die Rede), die wir tun (halten), zu lieben, dann können wir jeden Tag Glück, Lebenssinn und Erfüllung erfahren." Dieses Zitat von Ken Blanchard auf unserem Performance-Kongress in Potsdam beschreibt die notwendige Einstellung zu einem gelungenen Auftritt. Jürgen von der Lippe besingt Ähnliches, wenn er jeden Morgen Angst und Sorgen fragt: „... seid ihr auch schon alle da, habt ihr auch so gut geschlafen? Na, dann ist ja alles klar."

Achten Sie einmal darauf, wie oft Menschen im Alltag statt dieser lebensbejahenden Keckheit ihren Auftritt damit beginnen, was alles nicht geht. Viele glauben auch noch, so würden sie Zuhörer gewinnen. Spätestens jetzt ist doch der letzte müde Zuhörer aufgeschreckt und beginnt, auf Ihr Unvermögen zu achten.

„Denken Sie jetzt bitte nicht an einen rosaroten Elefanten" oder „Ignorieren Sie diesen Satz": Das sind sogenannte Paradoxa und somit nicht erfüllbare Aufforderungen, die genau das Gegenteil der Aussage bewirken. Und das können wir als ersten Eindruck unseres Auftritts wirklich nicht gebrauchen.

Die Ursache für solch unbrauchbares Verhalten ist leicht ausgemacht. Wenn wir mit etwas Unbekanntem, Fremdem konfrontiert werden, findet, frei nach einem Sketch von Otto Waalkes, folgende Kommunikation in uns statt: „Großhirn an Nebenniere: Adrenalinausstoß vorbereiten, Ballast abwerfen und fliehen." Unsere Fluchtbewegungen sind in Anbetracht des anwesenden Publikums allerdings eher eingeschränkt, was zu Ersatzhandlungen führt. Wenn wir nicht wegkommen, verstecken wir uns einfach hinter den Umständen. Wir versuchen, das Adrenalin durch nervöses Herumlaufen und/oder schnelleres oder vermehrtes Sprechen abzubauen – allerdings geht das nur auf Kosten unserer Souveränität. Angst, Sorgen, Lampenfieber beherrschen uns. Das macht uns noch unsicherer und ein Teufelskreis beginnt.

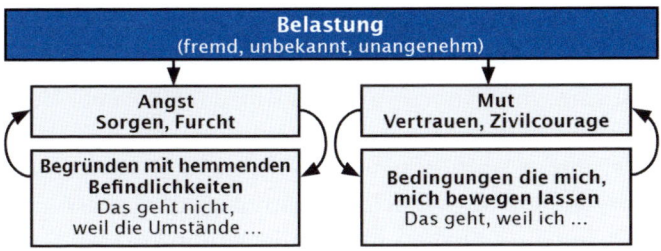

Abb. 12: Der Teufelskreis: Fliehen in Befindlichkeiten

Stellen statt fliehen

Unterbrechen Sie diesen Teufelskreis. Sie wissen, dass Ihr Auftritt klappt, weil Sie:
- eine Antwort auf die W-Fragen aus Kapitel 1 haben,
- Ihre Mission als Botschaft vertreten können,
- mit Ihrer Persönlichkeit im Einklang sind,
- ausreichend geübt haben,
- die Bühne kennen und die Technik stimmt.

Haben Sie Vertrauen in sich selbst. Beherrschen Sie Angst, Sorgen, Lampenfieber. Sagen Sie den dreien: „Ich kenne euch." Bringen Sie den Mut auf, aufzutreten, statt zu fliehen. So entstehen erste kleine Erfolge auf der Bühne, die Ihr Selbstvertrauen stärken. Ein Kreislauf ins Positive beginnt. Mut schafft Engagement trotz Angst oder Sorgen. Daraus entsteht Vertrauen in sich selbst. Dieses Vertrauen besiegt langsam Angst und Sorgen.

Selbstsicherheit und Selbstbewusstsein

Selbstsicherheit ist die Fähigkeit, anderen Menschen das eigene Unbehagen nicht zeigen zu müssen (wenn Sie wollen, dann dürfen Sie es natürlich bewusst zeigen). Sie wissen um die Mechanismen und lernen, diese zu beherrschen.

Über Angst und Sorgen ist viel geschrieben worden, besonders wenn es sich um pathologische Angst handelt. Für uns reichen hier einige Grundgedanken zur gesunden Angst im Alltag.

Angst

Angst ist ein angeborenes Gefühl. Die gesunde Angst, und nur über die handeln wir hier, ist zunächst einmal etwas Positives. Sie begrenzt unseren Mut und verhindert, dass unser Engagement zu tollkühn wird, kein Über-Mut entsteht. Um das Phänomen in der Kürze greifbar zu machen, definieren wir Angst als den Oberbegriff für eine Vielzahl von Erscheinungen, die eine

Verunsicherung in einem Menschen auslösen: Man kann Flugangst, Höhenangst und vieles mehr haben.

Der Angst eigen ist, dass man nicht genau weiß, was einen da genau ausbremst. Haben wir Angst vorm Fliegen, kennen wir meist Symptome, aber kaum den konkreten Anlass. Konkrete Angst zeigt sich in „Furcht vor" oder in „Sorge um" etwas.

Häufige körperliche Reaktionen der Angst können Muskelanspannung, Atembeschleunigungen, schnellerer Herzschlag, Schweiß, trockener Mund oder Hautreaktionen sein. Gefühlsmäßige Reaktionen sind Hilflosigkeit, das Gefühl, ausgeliefert zu sein, Pessimismus. Im Verhalten spiegelt sich Angst durch Zittern, Vermeiden von Blickkontakt oder Flucht wider. Kennt man diese Faktoren, kann man bewusst gegensteuern.

Furcht und Sorge

Konkrete Formen der Angst nennen wir Furcht und Sorge. Hierbei beschäftigt uns etwas Konkretes, z. B. die Furcht vor einer denkbaren Flugzeugentführung oder die konkrete Sorge um unseren Anschlussflug etc. Diese realen Formen der Angst haben verschiedene Ursachen:

- Schuld- und Schamgefühle, verminderte Selbstachtung (Über-Ich-Funktion; endogene Moral); hier können ethische Werte helfen
- Furcht vor Strafen oder Liebesentzug (exogene Moral); hier kann Zivilcourage nützen (siehe Lorenz/Höcker, 30 Minuten Wert-voll leben)
- Sorgen, dass die Vorbereitung nicht ausreichend

war; hierzu gibt das Buch Hilfestellungen, es gibt aber nichts Gutes, es sei denn, man tut es

Eine in unserem Kontext besondere Form der Furcht ist das Lampenfieber. Es entsteht aus der Vorstellung, dem prüfenden Blick des Publikums nicht gerecht werden zu können. Da dieses Phänomen klar erkennbaren Umständen zugeordnet werden kann, ist es eine Form der Furcht. Auch hier hilft nur, sich zu stellen, statt über das Elend zu jammern.
Zwischen Sorge und Elend gibt es anscheinend eine direkte Verbindung – nicht nur für die Harzer Schmalspurbahn, die die gleichnamigen Orte unterhalb des Brockens verbindet.

30 *Selbstsicherheit ist die Fähigkeit, anderen Menschen sein eigenes Unbehagen nicht zeigen zu müssen, sich seiner selbst bewusst zu sein. Angst ist ein normales, aber unbestimmtes Gefühl, mit dem man lernen kann, umzugehen. Sorgen sind da schon konkreter, das macht es aber auch leichter, sie anzugehen.*

6.2 Et kütt, wie et kütt, und et hätt noch immer jot jejange

Wer ein Buch von zwei, der „kölschen Denke" nahestehenden Autoren liest, wird sich über die Überschrift nicht wundern. Die den Kölnern nachgesagte Mentalität hat etwas Ermutigendes. Sie findet sich auch in anderen Aussagen wie „Carpe diem" – nutze den Tag – wieder. Sprich dir selbst Mut zu und dann verlass dich auf die dir eigenen Stärken und auf deine Vorbereitung. Vertrauen ist die stillste Form von Mut.

Mein innerer Dialog
Sprechen Sie vor dem Auftritt mit sich selbst. Nicht: „Du müsstest noch ..." Das wirkt lehrerhaft. Ihr Gehirn hatte lange genug Gelegenheit zu lernen, nun den Stresspegel zu erhöhen. Sprechen Sie vertrauensvoll mit sich: „Ich werde gleich ..." Allein diese innere Einstellung kann die Adrenalin-Ausschüttung verringern.

Sagen Sie es sich, wenn Sie mit sich zufrieden sind, weil Sie Ihre Mission im Auge haben. Eine begründete Meinung auch dann einmal vorzutragen, wenn sie für einige Zuhörer unpopulär ist, nennen wir Zivilcourage. Lassen Sie sich hier nicht fremdsteuern, sondern haben Sie den Mut (nicht die Tollkühnheit eines Don Quijote), Ihre Botschaft souverän und sympathisch darzubieten. Sie wissen, dass nicht nur Freude aufkommen wird, helfen Sie sich hier, indem Sie sich dies rechtzeitig selbst erklären.

Fehler sind Chancen
Suchen Sie gute Erfahrungen, das gibt Vertrauen. Glauben Sie auch daran, dass Zuhörer Ihnen viele Fehler

verzeihen, solange Sie mit den Fehlern sympathisch und souverän umgehen.

Angst vor Fehlern ist ein Stressfaktor. Lassen Sie sich nicht davon beherrschen, beherrschen Sie den Stress. Wenn Sie den Faden verlieren, wiederholen Sie entweder einfach den letzten Teil, dem Zuhörer gibt das Zeit zum Denken, oder lassen Sie sich helfen, indem Sie Fragen stellen und seien es nur rhetorische. Versprecher passieren jedem. Wenn Sie merken, dass der Versprecher den Sinn nicht verstellt, lächeln Sie und machen Sie einfach weiter, denn das macht Sie menschlich. Haben Sie den Mut, sich selbst zu vertrauen.

Angst und Sorgen sind oft ein Teil des inneren Dialogs. Häufig sorgen wir uns um mögliche Fehler. Fehler gehören jedoch zum Alltag. Nicht den Fehler nimmt man uns übel, allenfalls eine unangemessene Reaktion darauf. Sagen Sie sich nicht selbst: „Du müsstest noch …", sondern: „Du hast schon …". Gute Vorbereitung unterscheidet Mut von Tollkühnheit.

Fast Reader

1. Botschaften brauchen Orientierung

Ein guter Vortrag basiert auf dem souverän zu vermittelnden Inhalt. Die den Zuhörer erreichende, weil sympathische Form unterstützt diesen.
Wer keine Inhalte zu erzählen hat, wird Probleme bekommen. Inhalt ist King. Dieser Inhalt aber folgt der Queen – unserer Mission. Was will ich erreichen, wieso will oder soll ich zu diesem Thema sprechen? Sammeln Sie frühzeitig Ihre Ideen. Sie kommen oft, wenn Sie sich eigentlich mit etwas anderem befassen. Notieren Sie diese.

Was will ich wie, wem, wann, wo sagen? Diese Fragen sind Grundlage eines jeden guten Vortrags. Erst dann kommen die Nebenschauplätze wie Ton, Licht und Präsentationsform. Eine wichtige Faustregel: Der Vortrag braucht eine wichtige zentrale Botschaft.

2. Sprecher haben Persönlichkeit

Ihre Überzeugungsstärke entsteht dann, wenn Sie „mit sich im Reinen" sind. Dann stimmen eigene Denkweisen und Äußerungen überein. Rationalität, Emotionalität und Sozialität sind ausgewogen und der Vortrag ist authentisch. Seien Sie Sie selbst, versuchen Sie nicht, sich zu verbiegen und etwas auf der Bühne darzustellen, was Sie nicht sind.

30 **Überzeugen ist etwas anderes als Überreden. Sie erreichen Ihre Zuhörer und bauen Vertrauen auf, wenn Sie neben einer souveränen Botschaft eine sympathische Beziehung schaffen. Entscheidend ist dabei, ob Ihr Publikum Sie als sympathisch wahrnimmt. Fragen Sie sich, welche Interessen Ihr Publikum hat und welche Bedürfnisse Sie ansprechen wollen.**

3. Vorbereitung schafft Klarheit

Vorträge haben eine Struktur. Der Anfang soll einführen, Sie mit den Zuhörern emotional verbinden und die Aufmerksamkeit verfestigen. Dem Mittelteil, der den eigentlichen Vortrag darstellt, gilt unser Hauptaugenmerk. Konzentrieren Sie sich auf wenige und klare Botschaften. Kürzen Sie, wo Sie können, und machen Sie aus Ihrem Vortrag eine Geschichte (Storytelling). Das Outro sollte wie der Anfang einen eigenständigen Bauteil darstellen. Halten Sie sich kurz, verwässern Sie Ihre Leistung nicht.

Durch vorbereitendes Schreiben wird der Vortrag für Ihre Zuhörer nicht nur spannender und leichter zu erinnern, sondern lässt auch Sie in einem interessanteren und professionelleren Licht dastehen.

4. Anfangen ist ein Zeichen von Engagement

Ist Ihr Manuskript geschrieben, gilt es, daraus einen guten Vortrag zu machen. Hier hilft üben, üben, üben. Aber nicht das Ablesen sollte Ihr Ziel sein, sondern die freie Rede, die locker und mit Spaß authentisch vorgetragen wird. Nutzen Sie im Vorfeld Hilfsmittel wie Ton- und Videomitschnitte, um Stimme, Haltung und Sprechfluss zu testen.

Machen Sie sich bei einer Probe mit den technischen Hilfsmitteln vertraut. Testen Sie aber auch Ihre „Bühne", dann können Sie sich bei Ihrem Auftritt auf das Wesentliche – Ihren Vortrag, den Inhalt und Ihre Mission – konzentrieren.

5. Vom Vortag zum Hit: Die Begegnung mit dem Publikum

Timing ist die Kunst, das Publikum für sich einzufangen. Schon die Ankündigung darf nicht dem Zufall überlassen werden. Danach gilt es, Abwechslung zu inszenieren, mit Geschwindigkeit zu spielen und vor allem auch Pausen auszuhalten.

30 *Wenn die Zuschauer auf Sie zukommen und sagen „Das ging aber schnell, wir hätten gerne noch mehr gehört", dann können Sie zufrieden sein.*

6. Der Auftritt braucht Mut

Mutig, nicht tollkühn sollte Ihr Auftritt sein. Die nötige Selbstsicherheit erhalten Sie, wenn Sie sich Ihrer Furcht – als konkrete Form der Angst – stellen. Sprechen Sie zu sich selbst und nutzen Sie Ihren inneren Dialog, um Ihrem Lampenfieber zu begegnen, und beginnen Sie souverän und sympathisch Ihren Vortrag.

30 *Und auch wenn sich kleine Fehler einschleichen: Mit jedem Mal sind Sie um Erfahrungen reicher und Ihrem Ziel ein Stück näher gekommen. Nicht den Fehler nimmt Ihnen das Publikum übel, sondern nur eine ungeeignete Reaktion darauf!*

Die Autoren

Thomas Lorenz
Werte, Wesen, Worte, Wirkung, Wachstum sind die Bausteine, die den Herausgeber und Autor beschäftigen. Als Partner für Persönlichkeit, Professionalität und Performance trainiert, coacht und berät der international und national ausgezeichnete Dipl.-Ökonom Menschen in unterschiedlichen Funktionen sowie Unternehmen. Seit mehr als 25 Jahren ist er Vorstand der A-M-T Management Performance AG, die er gegründet hat. Seine Impulsvorträge sind für Zuhörer anregende Unterstützung bei Change-Prozessen.

Klaus-Jürgen Deuser
Klaus-Jürgen „Knacki" Deuser, der Erfinder von „NightWash", ist einer der Wegbereiter der deutschen Comedy-Szene. Der ehemalige Hochleistungssportler und studierte BWLer hat sich zu einem der interessantesten deutschen Produzenten und Keynote-Speaker entwickelt. In seinen Vorträgen plädiert er für eine neue Leichtigkeit des Muts und zeigt, wie man Humor perfekt für jede Form von Veränderung und Weiterentwicklung einsetzen kann.

Weiterführende Literatur

- Cain, Susan: Still – Die Kraft der Introvertierten. München: Goldmann 2013.

- Deuser, Klaus-Jürgen: How to be lustig. Troisdorf: DIEGANDI GmbH 2009.

- Graves, Clare W.: Levels of Existence – An Open System Theory of Values. *Journal of Humanistic Psychology*, Ausgabe 10, Nr. 2, 1970, S. 131-155.

- Lay, Rupert: Dialektik für Manager. Berlin: Ullstein 2003.

- Lorenz, Thomas/Oppitz, Stefan: 30 Minuten Selbst-Bewusstsein. 16. Aufl. Offenbach: GABAL Verlag 2015.

- Lorenz, Thomas/Höcker, Angelika: 30 Minuten Wert-voll leben. Offenbach: GABAL Verlag 2015.

- Lorenz, Thomas/Oppitz, Stefan: 30 Minuten Sprach-Führer zum Erfolg. Offenbach: GABAL Verlag 2016.

- Peseschkian, Nossrat: Der Kaufmann und der Papagei. Frankfurt: Fischer Taschenbuch Verlag 1979.

Register

Anfang 38, 40f., 53, 68
Ankündigung 68, 72f.
Anlass 13f., 47, 85
Applaus 15, 72, 78f.

Botschaft 13ff., 33ff.

Emotionalität 23, 33
Extraversion 26, 35

Fehler 29, 70, 87f.

Glaubwürdigkeit 41, 54

Humor 71, 75

Inhalt 6, 12f.
Introversion 26, 29, 35

Lampenfieber 29, 38, 80
Licht 12, 63

Mikrofon 60ff.
Mission 17ff., 83
Mut 9, 81, 87f.

Outro 43f.

Persönlichkeit 21f., 31
Präferenz 25ff., 32f.
Publikum 30, 67

Selbstsicherheit 84
Storytelling 45

Timing 74

Üben 54f., 77

Vorbereitung 37, 60
Vorstellung 72

Du musst selbst zu der Veränderung werden, die Du in der Welt sehen willst. Mahatma Gandhi

Erleben Sie die Inhalte dieses Buches mit den beiden Autoren Thomas Lorenz und Klaus-Jürgen Deuser live als ...

- Impulsvortrag
- offenes Seminar
- Inhouse-Veranstaltung
- Speaker, Festredner
- individuelles Coaching

Weitere Bücher unserer Serie

Klaus-Jürgen „Knacki" Deuser, der Erfinder von „NightWash", hat sich über die Jahre vom Moderator und Produzenten hin zum VIP-Coach und Keynote-Speaker entwickelt.

Thomas Lorenz erstellt mit Ihnen ihr persönliches MBTI-Profil und begleitet sie in der Ausbildung zum Performance-Coach mit seiner Erfahrung aus über 25 Jahre A-M-T.

A-M-T Management Performance AG
Südstraße 7 · 42477 Radevormwald
Fon +49 (0)2195/92 69 00
performance@a-m-t.de · www.a-m-t.de

Büro Klaus-Jürgen Deuser
Burgunderstr. 8 50677 Köln
Fon +49 (0)221 338628
contact@kj-deuser.de · www.kj-deuser.de